Selomgbanou

Montreal 20.06.03

Les sentiers de la création

Edition revue et corrigée

Collection créée par Albert Skira
avec la collaboration de Gaëtan Picon

Yves Bonnefoy

L'Arrière-pays

Albert Skira, éditeur

J'ai en esprit
une phrase de Plotin
— à propos de
l'Un, me semble-t-il,
mais je ne sais plus où
ni si je cite correctement :
" Personne
n'y marcherait comme
sur terre étrangère ".

I

J'ai souvent éprouvé un sentiment d'inquiétude, à des carrefours. Il me semble dans ces moments qu'en ce lieu ou presque: là, à deux pas sur la voie que je n'ai pas prise et dont déjà je m'éloigne, oui, c'est là que s'ouvrait un pays d'essence plus haute, où j'aurais pu aller vivre et que désormais j'ai perdu. Pourtant, rien n'indiquait ni même ne suggérait, à l'instant du choix, qu'il me fallût m'engager sur cette autre route. J'ai pu la suivre des yeux, souvent, et vérifier qu'elle n'allait pas à une terre nouvelle. Mais cela ne m'apaise pas, car je sais aussi que l'autre pays ne serait pas remarquable par des aspects inimaginés des monuments ou du sol. Ce n'est pas mon goût de rêver de couleurs ou de formes inconnues, ni d'un dépassement de la beauté de ce monde. J'aime la terre, ce que je vois me comble, et il m'arrive même de croire que la ligne pure des cimes, la majesté des arbres, la vivacité du mouvement de l'eau au fond d'un ravin, la grâce d'une façade d'église, puisqu'elles sont si intenses, en des régions, à des heures, ne peuvent qu'avoir été voulues, et pour notre bien. Cette harmonie a un sens, ces paysages et ces espèces sont, figés encore, enchantés peut-être, une parole, il ne s'agit que de regarder et d'écouter avec force pour que l'absolu se déclare, au bout de nos errements. Ici, dans cette promesse, est donc le lieu.

Et pourtant, c'est quand j'en suis venu à cette sorte de foi que l'idée de l'autre pays peut s'emparer de moi le plus violemment, et me priver de tout bonheur à la terre. Car plus je suis convaincu qu'elle est une phrase ou plutôt une musique – à la fois signe et substance – et plus cruellement je ressens qu'une clef

Le bleu, dans la *Bacchanale à la joueuse de luth*... (p. 12)

manque, parmi celles qui permettraient de l'entendre. Nous sommes désunis, dans cette unité, et ce que pressent l'intuition, l'action ne peut s'y porter ou s'y résoudre. Et si une voix s'élève, claire pour un instant dans cette rumeur d'orchestre, eh bien le siècle passe, qui parlait meurt, le sens des mots est perdu. C'est comme si, des pouvoirs de la vie, de la syntaxe de la couleur et des formes, des mots touffus ou iridescents que répète sans fin la pérennité naturelle, nous ne savions percevoir une des articulations parmi, cependant, les plus simples, et le soleil, qui brille, en est comme noir. Pourquoi ne pouvons-nous dominer ce qui est, comme du rebord d'une terrasse? Exister, mais autrement qu'à la surface des choses, au tournant des routes, dans le hasard: comme un nageur qui plongerait dans le devenir puis remonterait couvert d'algues, et plus large de front, d'épaules, – riant, aveugle, divin? Certaines œuvres nous donnent bien une idée, pourtant, de la virtualité impossible. Le bleu, dans la *Bacchanale à la joueuse de luth*, de Poussin, a bien l'immédiateté orageuse, la clairvoyance non conceptuelle qu'il faudrait à notre conscience comme un tout.

Imaginant ainsi, je me tourne à nouveau vers l'horizon. *Ici*, nous sommes donc frappés d'un mal mystérieux de l'esprit, ou bien c'est quelque repli de l'apparence, quelque défaut dans la manifestation de la terre qui nous prive du bien qu'elle peut donner. *Là-bas*, grâce à la forme plus évidente d'un vallon, grâce à la foudre un jour immobilisée dans le ciel, que

Grâce à la foudre un jour immobilisée dans le ciel... (p. 12)

sais-je, ou par le fait d'une langue plus nuancée, d'une tradition sauvée, d'un sentiment que nous n'avons pas (je ne peux ni ne veux choisir), un peuple existe qui, en un lieu à sa ressemblance, règne secrètement sur le monde... Secrètement, car je ne conçois rien, là non plus, qui heurte de front ce que nous savons de l'univers. La nation, le lieu absolus ne sont pas si défaits de la condition ordinaire qu'il faille, pour en rêver l'existence, les entourer de parois d'ozone pur. Si peu nous manquant ici, les êtres de là-bas n'ont qui les distingue de nous, je suppose, que la bizarrerie peu marquée d'un simple geste, ou d'un mot que mes proches, en commerçant avec eux, n'ont pas cherché à approfondir. N'est-ce pas toujours l'évidence qui nous échappe le plus? Moi, cependant, si un hasard m'ouvrait cette voie je saurais peut-être comprendre.

Voilà ce que je rêve, à ces carrefours, ou un peu après – et il s'ensuit que je suis troublé par tout ce qui peut favoriser l'impression qu'un lieu autre, et qui le demeure, se propose pourtant, avec même quelque insistance. Quand une route s'élève, me découvrant au loin d'autres chemins dans les pierres, avec des villages visibles; quand le train se glisse dans une vallée resserrée, au crépuscule, passant devant des maisons où il arrive qu'une fenêtre s'éclaire; quand le bateau suit d'assez près un rivage, où le soleil se prend à une vitre lointaine (et une fois c'était Caraco, où l'on me dit que les chemins n'arrivaient plus, mangés depuis longtemps par les ronces), c'est vite en moi la très spécifique émotion, je crois approcher, je me sens requis à la vigilance. Comment se nomment ces villages, là-bas? Pourquoi un feu sur cette terrasse, qui salue-t-on ainsi à notre bord, qui appelle-t-on? Bien sûr, que j'arrive en un de ces lieux et l'impression d'avoir «brûlé» se dissipe. Non sans pourtant s'accroître parfois toute une heure à cause d'un bruit de pas ou de voix qui est monté jusqu'à ma chambre d'hôtel, à travers les persiennes closes.

Et Capraia, si longtemps l'objet de mes vœux! Sa forme – une longue modulation de cimes et de plateaux – me semblait parfaite, et je ne pouvais en détacher mes yeux pour des minutes entières, surtout le soir, depuis qu'elle avait surgi de la brume le second jour du premier été, et tellement plus haut que je n'avais cru que se trouvait l'horizon. Or, Capraia appartenait à l'Italie, rien ne la reliait à l'île où j'étais moi-même, on disait aussi qu'elle était presque déserte: tout se prêtait donc à ce que ce nom, qui la réduisait à quelques bergers, à leur errance à jamais sur des tables rocheuses au ras du ciel dans le jasmin, l'asphodèle (quelques oliviers et caroubiers dans les creux), lui conférât une qualité d'archétype et en fît, pour ma pensée désirante, le vrai lieu. Ainsi pour quelques saisons, puis ma vie changea, je ne vis plus Capraia, je l'oubliai presque, et d'autres années passèrent. Après quoi il advint que je pris un bateau un matin à Gênes, allant en Grèce; et vers le soir, brusquement, je me sentis poussé à monter sur le pont et à regarder vers l'ouest, où paraissaient déjà, où allaient passer à droite de nous, et tout près, quelques rochers, un rivage. Un regard, un ébranlement intérieur: une mémoire en moi, plus profonde que la conscience, ou plus aux aguets, avait compris avant que je sache. Est-ce possible, mais oui, c'est Capraia devant moi, Capraia par son autre bord, celui que je n'avais jamais vu, l'inimaginable! Dans sa forme changée, ou plutôt annulée par notre proximité (car vraiment nous passions à cent mètres à peine du rivage), l'île avançait, s'ouvrait, se révélait – brève côte, terre de rien, on n'y voyait qu'un petit débarcadère, un chemin qui s'en éloignait, quelques maisons çà et là, une sorte de forteresse sur un à-pic –, allait bientôt disparaître.

Et je fus pris alors de compassion. Capraia, tu appartiens à l'ici du monde, comme nous. Tu souffres de finitude, tu es dessaisie du secret, recule donc, efface-toi dans la nuit qui tombe. Et veille là, ayant établi avec moi d'autres liens, dont je ne veux rien savoir encore, car je reste requis par l'espérance, ou le leurre. Demain, je verrai Zante, Céphalonie, beaux noms aussi et plus grandes terres, préservées par leur profondeur. Ah, comme je comprends la fin de l'*Odyssée*, quand Ulysse retrouve Ithaque, mais en sachant déjà qu'il lui faudra repartir, une rame sur l'épaule, et s'enfoncer plus avant dans les montagnes de l'autre rive jusqu'à ce que quelqu'un lui demande ce que c'est que cet objet bizarre qu'il porte, montrant ainsi qu'il ne sait rien de la mer! Si les rivages m'attirent, plus encore l'idée d'un pays en profondeur, défendu par l'ampleur de ses montagnes, scellé comme l'inconscient. Je marche près de l'eau, je regarde bouger l'écume, signe qui cherche à se former, mais en vain. L'olivier, la chaleur, le sel qui se déposera sur la peau, que vouloir de plus, – pourtant le vrai chemin est celui, là-bas, qui s'éloigne, par des passes rocheuses de plus en plus resserrées. Et plus je vais vers l'intérieur, dans un pays de la Méditerranée, plus fortement l'odeur de plâtre des vestibules, les bruits du soir, le frémissement du laurier, changeant d'intensité, de hauteur (comme on le dit d'un son, déjà aigu) vont se faire, jusqu'à l'angoisse, évidence, bien que close, et appel, bien qu'impossible à comprendre.

Aussi bien je ne regarde jamais le labyrinthe de petites collines – chemins faciles, mais arrière-plan infini – du *Triomphe de Battista* de Piero della Francesca, sans me dire: ce peintre, parmi ses autres soucis, a eu celui-ci, qui me hante. Mais j'aime aussi, sous ce signe, les grandes plaines, dont l'horizon est si bas que les arbres et presque les herbes le dérobent. Car alors l'invisible et le proche se confondent, l'ailleurs est partout, le centre à deux pas peut-être: je suis depuis longtemps sur la voie, il ne s'en faut que d'un tournant avant que j'aperçoive les premiers murs, ou parle aux premières ombres... En fait la mer est favorable à

Ce peintre, parmi ses autres soucis, a eu celui-ci, qui me hante. (p. 18)

ma rêverie, parce qu'elle assure la distance, et signifie aussi, au niveau des sens, la plénitude vacante; mais c'est de façon non spécifique, et je vois bien que les grands déserts, ou le réseau, désert lui aussi, des routes d'un continent, peuvent remplir la même fonction, qui est de permettre l'errance, en différant pour longtemps le regard qui embrasse tout et renonce. Oui, même les highways de l'Amérique, ses trains lents et comme sans but, les zones saccagées qu'ils ont étendues devant eux, – mais dans ce cas, je l'avoue, c'est trop rêver et c'est mal le faire. M'enfonçant par le train, cette année encore, dans la Pennsylvanie de l'Ouest, sous la neige, je vis soudain, sur de tristes usines, mais dans les arbres d'une forêt démembrée, les mots contradictoires, *Bethlehem Steel*, et ce fut à nouveau l'espoir, mais cette fois aux dépens de la vérité de la terre. Cessant de rechercher le surcroît de l'être dans l'intensification de ses apparences, n'en étais-je pas à imaginer, ici presque, dans quelque rue latérale, la plus sordide même, une arrière-cour dans le charbon, une porte: et tout, au-delà du seuil, montagnes et chants d'oiseaux, et la mer, ressuscités, souriants? Mais c'est ainsi que l'on désapprend les limites, et la puissance pourtant, de notre être-au-monde. J'ai compris, en approchant de Pittsburgh, comment le refus gnostique a pu pénétrer peu à peu la langue grecque, née de la beauté pourtant, et qui s'était élevée à la notion de cosmos.

Et je l'ai compris d'autant mieux que ma nostalgie, bien sûr, est elle aussi dans ses moments les plus noirs un refus du monde, même si rien, comme je l'ai dit tout d'abord, ne me touche plus que les mots, et les accents, de la terre. Oui, c'est vrai, nos pays sont beaux, je n'imagine rien d'autre, je suis en paix avec cette langue, mon dieu lointain ne s'est retiré qu'à deux pas, son épiphanie est le simple: tout de même, que la vraie vie soit là-bas, dans cet ailleurs insituable, cela suffit pour qu'ici prenne l'aspect d'un désert. Je le vois bien à ce que je fais de ce que j'aime, quand la hantise me prend. Je crois en la lumière, par exemple. C'est au point que j'ai pu penser que le vrai pays en était né, par hasard, je veux dire par l'accident d'une saison et d'un lieu où elle eût été plus intense. La nuit et le jour, alors, comme partout et à toute époque. Mais le matin et à midi et le soir une lumière si totale, si pure, dans sa modulation révélée, que les hommes, éblouis, ne se voyant plus qu'à contre-jour, formes sombres ourlées de feu, ne comprirent plus la psychologie, n'eurent plus en eux que le oui et le non de la présence, communiquèrent comme la foudre rassemble, d'où d'indicibles tendresses, une violence inspirée, la révolution absolue. Mais si je rêve cela, que m'est la lumière d'ici, ou

Que ces façades sont belles! (p. 23)

d'aujourd'hui, et ce que je rencontre en elle? Ce ne sont plus que des manques, dont la grandeur est de désirer, la fréquentation un exil. Que ces façades sont belles! Comme Alberti m'est prochain quand il élabore, à Rimini, à Florence, sa musique! Mais en captant le soleil d'ici, c'est l'horizon qu'il éclaire, je regarde là-bas où sa clarté se rassemble, que cherche-t-il, que sait-il? Et pourquoi, à Byzance, ces plats d'argent, ou d'étain? Il y vient des reflets si simples, si dénués d'envie, de matière, on dirait qu'ils parlent d'un seuil, illuminé. Dans un miroir très usé aussi (pourquoi a-t-on voulu la fragilité du train, la douceur des feuilles d'argent?) les fruits, hauts sur la table qui se dresse et foisonne par l'autre bout, comme dans la perspective «inversée», et le visage aussi, ont l'insistance d'une mémoire. Objets mystérieux, que je rencontre parfois, dans une église, un musée, et qui me font m'arrêter comme encore à un carrefour. Beaux et graves comme ils le sont, j'en emplis ce que j'ai vu de la terre: mais c'est par un élan qui la dépossède, à chaque fois... En vérité, il suffit que quelque chose me touche – et cela peut être la plus humble, une cuillère d'étain, une boîte de fer rouillée dans ses images d'un autre siècle, un jardin aperçu à travers une haie, un râteau posé contre un mur, un chant de servante dans l'autre salle – pour que l'être se clive, et sa lumière, et que je sois en exil.

Une nuit (il y a longtemps, j'allais encore au lycée) je tournais l'aiguille des ondes courtes. Des voix remplaçaient d'autres voix, s'enflant un peu, se perdant dans le flux et le reflux du fading, et j'avais l'impression, je me souviens, que c'était aussi le ciel étoilé, le ciel vide. Il y a un dire parmi les hommes, une parole sans fin, mais n'est-ce pas une matière aussi vaine et répétitive que l'écume, le sable ou tous ces astres vacants? Quelle misère que le signe! Quelle certitude pourtant, à des heures, d'y avancer comme à l'avant d'un bateau, ou d'un autocar dans les dunes, existant plus que lui puisqu'on peut le voir se former, et comme s'ouvrir puis se perdre! Pensant ainsi, je continuais à tourner l'aiguille. Et à un moment je sentis que je venais de dépasser quelque chose qui, bien que mal perçu, déjà éveillait ma fièvre et me forçait à revenir en arrière. Je rétablis ce que je venais de franchir dans sa primauté précaire, – qu'était-ce donc? Un chant, mais aussi les tambourins et les fifres d'une société primitive. Et maintenant des voix d'hommes, très rauques, puis celle d'un enfant, intensément sérieuse, cependant que le chœur se tait, et l'ensemble à nouveau, rythmes heurtés, ébranlements, grondements. Autour de quoi une impression, subjective ou non, je ne sais, mais extraordinaire, d'espace. Et je comprends. Ces êtres sont très haut dans la solitude des pierres: au seuil d'un amphithéâtre, au bout de défilés que barrent d'énormes rocs. Au-dessus d'eux les parois que ravine l'eau, que disloque la saxifrage, et d'où s'élance l'aigle qui monte plus haut encore. A l'horizon, sur des éperons, dans des creux, leurs villages, aux lourdes façades closes, parfois ruinées, sous des tours. Là où nous sommes, pourtant, c'est plutôt un campement, avec des feux dans la nuit qui tombe – pourquoi ce nomadisme, mais circonscrit, c'est vrai, des sociétés *averties*? Et ce pays, ces hommes, cette musique, c'est le Caucase, la Circassie ou les montagnes de l'Arménie, de l'Asie Centrale, – sauf que ces mots ont pour moi, surgissant ainsi, la valeur mythique, la masse insituable sur les cartes au moins modernes d'une sorte de pôle dans l'absolu: en

Leurs villages, aux lourdes façades closes, parfois ruinées... (p. 25) ▶

fait, le mont Ararat de mon arche qui, porteuse de l'univers, a pourtant autour d'elle ces eaux bruyantes, cet horizon noir et nu, ce courant rapide indécidé.

Bientôt le chant cessa, quelqu'un commença de parler dans une langue inconnue, puis je n'entendis plus que les parasites. Le pays mystérieux s'était retiré, j'avais donné à l'autre côté de l'horizon une des richesses du nôtre. – Pourtant, c'est à partir de ce moment-là que je fus sensible à la musique: une des richesses, une des alchimies de là-bas était venue se prendre à nos expériences d'ici, s'ajouter à mes pouvoirs limités... En vérité j'ai droit d'indiquer que ma gnose, que j'avoue, a de deux façons des limites. D'abord notre versant, même au plus fort de mon rêve, n'est pas simplement ou toujours dépossédé au profit de l'autre. Ce qui part, en esprit, demeure, par le corps, et cette présence minée a quelque chose d'intense, sur fond de nature déserte, c'est comme un surcroît d'être dans le néant, aussi insistant que paradoxal. Des exilés, témoignant contre le lieu de l'exil? Mais, je l'ai dit, le moindre objet peut s'agréger une fois ou l'autre à cette espèce ambiguë et y demeurer, étendant, éclairant ses

Des exilés, témoignant contre le lieu de l'exil? (p. 29)

liens: c'est à la limite ce monde-ci tout entier qui, aimé d'abord comme une musique et dissous ensuite comme présence, *revient* comme présence seconde, restructurée par de l'inconnu, mais vivante et en rapport plus intérieur avec moi. De là-bas nous avons appris les arts, la poésie, techniques de négation, d'intensification, de mémoire. Et cela nous permet de nous reconnaître, de nous aimer, – mais aussi, écoutant la musique originelle, d'y insérer des accords à nous, à quoi pourtant les choses répondent. L'être n'est-il pas qu'inachevé, après tout, le chant obscur de la terre un brouillon moins à étudier qu'à reprendre, la clef manquante moins un secret qu'une tâche? Et ce que je rêve comme un ailleurs n'est-ce pas, en un sens profond, l'avenir qui un jour – la coagulation achevée, les hommes, les bêtes et les choses appelés en un même lieu à la même heure – va se révéler ici même, l'absence jetant alors son déguisement de comédie pastorale, dans les rires, les pleurs de joie, pour la retrouvaille suprême, – monde perdu tout à l'heure, monde sauvé maintenant?

Mais il y a encore ceci, que je n'ai la hantise de l'autre terre qu'en des moments, en des lieux, les carrefours, au sens propre ou métaphorique, de l'expérience de vivre. C'est comme si une part seulement de celle-ci se prêtait à la volatilisation, à la fièvre, l'autre me retenant au contraire dans les entreprises d'ici pour une durée occupée de soi, distraite de l'horizon, en vérité suffisante. Une hésitation, pour finir, entre la gnose et la foi, le dieu caché et l'incarnation, plus que le choix sans retour. Un refus, mais qui se nourrit, avidement, d'accepter ce qu'il déprécie. Et à cela s'ajoute que si la hantise demeure, une évolution a de longtemps commencé. Je vais, il y a à côté de moi, indéfiniment, ce déroulement d'une longue crête brisée de feux qui, de sa ligne haute ou basse, traverse tout, abandonne tout quand j'approche, revient derrière moi tout reprendre: mais, comment dire, le point où le regard est leurré se fait, dans un espace d'esprit, moins proche, le moment où l'horizon se referme se fait, dans le temps vécu, moins précipité, c'est comme si ma vallée s'élargissait, s'éclairait. Et j'éprouve, aussi bien, le besoin de comprendre mieux la double postulation que parfois je n'aurai fait que subir. La plupart des souvenirs que je viens d'évoquer de l'arrière-pays (c'est ce mot qui fixe le mieux pour moi l'aspiration durable et l'intuition incertaine) sont anciens, et c'est parce que ce sont les seuls qui soient «purs», d'autres plus récents s'imprégnant toujours davantage de réflexion, de dénonciation lucide peut-être, en tout cas d'un dessein qui croit pouvoir dépasser l'opposition des deux règnes. Oui, il y a une connaissance tardive, qu'il faut aider par la réflexion même si celle-ci est contradictoire, entravée: la clarification se faisant non tant par elle qu'en elle, en elle aussi, peu à peu, du fait d'un mouvement de tout l'être, plus vaste, plus conscient que les mots.

II

Et je dirai d'abord que si l'arrière-pays m'est resté inaccessible – et même, je le sais bien, je l'ai toujours su, n'existe pas – il n'est pas pour autant entièrement insituable, pour peu que je renonce aux lois de continuité de la géographie ordinaire et au principe du tiers exclu.

En d'autres mots, la cime a une ombre, où elle est cachée, mais cette ombre ne couvre pas toute l'étendue de la terre. Je suis sensible, cela n'étonnera pas, aux guides de voyage, à ceux du moins, imprimés en corps minuscules, en paragraphes touffus, où presque chaque lieu-dit peut proposer son énigme. Et quand je lis, dans l'admirable guide de la Toscane du Touring-Club Italien (p. 459, c'est la deuxième édition, de 1952): *a S e a E la malinconica distesa delle colline cretacee, che cominciano di qui*, voici que mon sang bat plus vite, je rêve de partir, de retrouver ce village, ces mots sont peut-être *pour moi*, ces miroitements mon épreuve. Mais ce ne sont pas tous les guides que j'interrogerais de cette façon. Il faut que certaines conditions soient remplies pour que mon espérance soit en éveil, ma réaction irrationnelle et profonde. Quelle est la place du Tibet, par exemple, ou du désert de Gobi, dans ma théologie de la terre? Je pense à ces pays parce qu'ils ont comme aucun autre en ce monde la qualité de distance, d'escarpement, d'inconnu. Et rien ne me touche plus que les récits d'errances en Haute Asie, tels *Hommes, bêtes et dieux*, de Ferdinand Ossendowski, ou la longue et monotone parole d'Alexandra David-Neel. Quand celle-ci décrit son arrivée au Tibet, au printemps, parmi les touffes de fleurs si abondantes et hautes que les porteurs semblaient y avancer en nageant, dit-elle, puis devant les glaciers traversés de vallées barrées d'«énormes nuages» et enfin en surplomb de tout le plateau sacré, «vide et resplendissant sous le ciel lumineux de l'Asie Centrale», j'écoute, je suis troublé, je me sens prêt au miracle. Toutefois ces plateaux et ces déserts n'ont à mes yeux tant d'attrait que parce qu'un événement de ma vie d'enfant a ajouté à leur séduction le prestige et l'appel d'un tout autre lieu de la terre.

Cet événement, ce fut un récit, qui s'appelait *Dans les sables rouges*. J'emploie ce verbe au passé parce qu'il se peut bien que n'existe plus, sinon dans quelques greniers insituables eux-mêmes, aucun exemplaire du livre. Les *Sables rouges*, une simple brochure, en fait, soixante-quatre petites pages, avait paru dans une collection pour enfants, aux publications hebdomadaires ou bimensuelles, l'éditeur, rue Gazan, semble n'en plus savoir l'existence, et quant à moi, je l'ai perdu, bizarrement, dès avant l'adolescence, et n'en ai pas retenu l'auteur. Il est possible pourtant (je l'ai souvent pensé, si belle m'en paraît la conception aujourd'hui encore) que cet écrit éphémère n'ait été qu'une démarcation ou le résumé d'un roman d'aventures à juste titre classique, et que d'autres que moi sauront reconnaître.

Je veux le raconter, en effet, pour l'impression qu'il me fit, qui fut profonde et durable. Car je me suis identifié à l'archéologue, son héros, et c'est par ses yeux que j'ai regardé, par sa surprise et, pour finir, son chagrin que j'ai anticipé sur les contradictions de la vie. Il avançait – c'était là la vision première – dans le désert de Gobi. Avec un petit groupe d'explorateurs et de guides il s'était même éloigné de toutes pistes connues, à la recherche de ruines que quelque aviateur, sans doute, avait repérées, et qu'il avait mission de comprendre. Et ils campaient donc chaque soir à des centaines de kilomètres de la plus proche présence humaine. D'où leur stupeur, un matin: posée au seuil de leur tente, il y avait une tablette d'argile qui n'était certes pas là la veille. En outre l'inscription qu'on pouvait y voir était gravée de frais, semblait-il, et en latin! *N'allez pas plus loin*, déchiffrent-ils. Ils sont troublés, déconcertés, ils explorent les environs, rien n'apparaît, mais la nuit revient et au petit jour une autre tablette, et l'intimation, plus pressante encore, et le latin. Cette fois ils organisent des veilles. Et la troisième nuit, à

Elle est pâle. A nouveau elle a cherché son regard. (p. 40)

la clarté des étoiles, l'archéologue, un très jeune homme, aperçoit une ombre, et se précipite, la voit hésiter, s'arrêter: c'est une jeune fille, vêtue comme on l'était à Rome, il le sait, à un certain moment de l'Empire. Paralysé par l'étonnement, il l'appelle, s'il est vrai que les mots ont pu sortir de sa gorge. Mais oui: elle se retourne, le regarde... J'avais vécu avec quelle terreur, quelle joie ces journées d'attente. Et avec quelle émotion maintenant je regardais moi aussi – je reconnaissais – ces yeux étincelants, ce sourire, ces cheveux dénoués sous le rayon d'une étoile. Mais quand l'archéologue allait recommencer à parler, d'un seul coup, sans qu'il comprenne pourquoi, il n'y avait plus rien, là devant lui, que le sable, et une autre plaque d'argile. Il ramassait ce peu d'écriture, il doutait malgré tout de sa vision.

Il n'avait pas rêvé, cependant. Quand ils revinrent, dès l'aube, là où l'apparition s'était dissipée, les explorateurs aperçurent, cachée sous le sable, une dalle, qu'ils soulevèrent, et puis ce fut un escalier, des galeries et des salles, éclairées quelquefois par un rayon qui tombait des voûtes. Au-delà de l'étonnement désormais, ils avancent dans ce qui peu à peu se révèle toute

Il n'avait pas rêvé. (p. 38)

une ville, reconnaissant à des signes (un feu, une fournée de pains sur la pierre d'une boutique) qu'elle est habitée bien qu'apparemment déserte, et qu'elle est, de surcroît, romaine, par les formes, par les objets. Et d'ailleurs, brusquement, ils sont entourés, arrêtés, et ce sont des centurions qui opèrent, cuirassés et armés du glaive. Après quoi les bruits de la vie reprennent, la population reparaît. On conduit les archéologues là où le préfet siège, entouré de ses officiers. Ils apprennent de lui qu'ils ont pénétré dans ce qui avait été là-haut, sous le ciel, un des avant-postes de l'expansion impériale, puis, quand Rome affaiblie avait renoncé à cette marche, une colonie isolée, menacée, qui n'avait trouvé son salut qu'en s'enfonçant dans la terre. Ainsi ces Latins ont-ils survécu, en Asie, à travers des siècles qu'ils ont cessé de compter. L'isolement qui les avait affaiblis les préserve, et le secret, il faut donc que périssent ceux qui ont percé celui-ci. Que n'ont-ils pris au sérieux les avertissements des dernières nuits! Le préfet parle, et l'archéologue qui l'écoute, rassemblant à grand-peine tout son latin, aperçoit soudain, derrière un pilier, la jeune fille. Elle est pâle. A nouveau elle a cherché son regard.

On les mène à présent à une geôle, et ils savent qu'ils n'y resteront qu'un moment avant d'être exécutés. L'archéologue explique à ses compagnons ce qu'il a compris du discours. Ils cherchent, mais en vain, à bâtir un plan d'évasion. Ils parlent – et cependant les minutes, les heures passent. Pourquoi ne vient-on pas? Pourquoi ce silence, toujours plus grand quand tout à l'heure encore les gardes marchaient dans le couloir? Etonnés à nouveau, saisis d'un étrange espoir, les prisonniers prêtent l'oreille, est-ce vrai, *plus rien*? Mais si, un bruit de clef dans la porte, la jeune fille est là, sur le seuil. «Partez», dit-elle. Ah, quel regard d'échange, de réparation de la misère ancienne, des esclavages d'enfance, les «feuilles d'or» retrouvées! Les deux enfants savent qu'ils s'aiment, et une seconde fois dans le temps ouvert, mouvant, où l'origine revient, l'homme veut parler à la femme, mais – «Une seconde fois perdue!» Elle connaît trop bien les lieux, eux ne peuvent que tâtonner dans le labyrinthe, qui est vide.

Car la jeune Romaine, je ne sais plus comment ils finissent par le comprendre, a convaincu son père, le préfet, d'épargner les étrangers et de fuir, gagnant avec tous les siens, par des couloirs à nouveau, une autre ville également souterraine, et plus retirée encore, l'ultime Rome dans le reploiement du désert. Tous ces êtres obscurs s'éloignent par les galeries voûtées qui s'élargissent parfois pour une salle ronde, une peinture, une lampe. Et derrière eux la porte s'est refermée et même s'est effacée, puisque le jeune Français, qui voudrait tant savoir et cherche partout dans la ville, ne parvient pas à la retrouver sur les parois sans défaut.

Masse de ce désert, qui vallonne à l'infini devant nous! Je ne puis oublier que le lieu où s'accomplirait le destin est là, mais inconnaissable à jamais. Et je prête l'oreille à tous les bruits de réunion, d'épreuves terminées, de retours. Alexandra David-Neel, justement, a voyagé aux confins des sables rouges, et raconté l'aventure qu'elle a eu la chance d'y vivre, dans un petit caravansérail au carrefour de deux pistes. Une caravane de moines de Mongolie venait d'y arriver, d'un côté; et un Tibétain, peu après, qui avait suivi l'autre route. Celui-ci, de toujours, savait qu'il n'était pas où il aurait dû. Dans ses rêves il voyait des solitudes de sable, les tentes de feutre d'une tribu de nomades, et un monastère sur un rocher. Et dès l'enfance il était parti, bien que sans but concevable, puis il avait erré de longues années, toujours porté ailleurs par la vision et la fièvre. Et voici qu'il est arrivé à ce croisement, où s'est arrêtée la caravane. Il se sent poussé, irrésistiblement, vers ces hommes, il demande leur chef, il le reconnaît. Car le passé – celui d'une autre vie – l'illumine d'un coup, comme une foudre. Il a été le maître spirituel de ce moine quand celui-ci était jeune encore. Ils sont passés ensemble, une fois déjà, à ce carrefour, revenant d'un pèlerinage au Tibet vers le monastère sur le rocher. Il peut raconter le voyage et décrire l'édifice. Joie, car les moines allaient demander au Dalaï-Lama, maintenant, comment retrouver leur abbé, mort vingt ans avant et réincarné ils ne savaient où. Alexandra David-Neel est arrivée, elle, au moment des révélations, des exclamations, des pleurs. Et le lendemain à l'aube, elle regarde partir, dans l'éternité du pas des chameaux, la caravane. Les moines rentrent au monastère, l'errant a accompli son destin.

Et moi j'essaye de voir, comme par-dessus cette épaule, la piste vide. Le hasard m'a apporté ce récit, dans sa version anglaise, *Magic and Mystery in Tibet*, il y a peu de temps, quand je

commençais d'écrire ces pages. Et parce que j'étais dans un lieu qui ressemblait au désert – immenses ponts jetés d'île en île, voitures silencieuses sans nombre, mais aussi des palmiers, de grands jardins clos et des feux dans les herbes proches, dont le vent apportait l'odeur en ville et même les étincelles, qui s'éteignaient dans la mer – l'idée du haut plateau des moines errants et des pâtres a réveillé en moi, violemment, la vieille attirance, mais non sans une incompréhension, un refus. Car je sais bien ce qui me distingue de cet homme qui a cherché et trouvé. Lui désirait son vrai lieu pour y consumer une vie qu'il saurait là encore un empiègement à la terre. Il n'entendait qu'y reprendre la quête interrompue de la délivrance totale. Et moi, soucieux d'une transcendance mais aussi d'un lieu où elle aurait sa racine, c'est à celui-ci, «vaine forme de la matière», que je conférais la qualité d'absolu... Pourquoi ai-je tant aimé les *Sables rouges*? Je ne savais, à dix ans, rien de spécifique sur Rome, mais, tant soit peu, que c'était la cité où se rejoignent toutes les routes, et j'y pressentais des monuments, des inscriptions pour le dire, et plus que cela, une vibration, une lumière, un foisonnement de pourpre et de feu

Ils disent que les lieux, comme les dieux, sont nos rêves... (p. 47)

entre la terre et le ciel. L'idée de Rome ajoute à l'archétype des *Sables*, où se dérobe l'ailleurs, la dimension d'un ici qui se donne, orgueilleusement, pour le centre. Et chaque fois que je perçois cet orgueil, soit triomphant dans la facilité de la pierre, soit combattu et comme courbé dans les voûtements du pisé après des lieues et des lieues de pierrailles et de sel; partout où l'on a voulu un surcroît de mur, orner une façade, surélever des terrasses, y paraître, faire entendre au soleil levant, ou couchant, une musique de la dissolution du moi illusoire mais sur des assises de roc, et dans l'architecture qui est la permanence vécue; en tous ces lieux affirmés, oui, je me sens chez moi, à l'instant même où j'aspire à l'insitué qui les nie.

Et voici circonscrite l'aire où je me sens porté à chercher l'arrière-pays. Au Tibet je pourrais y rêver encore, mais à cause des espaces et non des hommes, qui parlent de détachement, – j'aurais franchi la frontière. Et au Japon, j'étais en paix avec ma vieille hantise, car c'est l'enseignement de l'architecture de bois, de ses sols vibrants, de ses galeries fragiles comme des bulles, que la prétention humaine y soit comme enveloppée et dissoute dans le frémissement de l'arbre universel, qui n'a pas de lieu, qui n'est pas. Ces pays du bouddhisme extrême sont trop lucides, ou pessimistes (mallarméens), ils disent que les lieux, comme les dieux, sont nos rêves, ils vont trop vite pour moi à l'expérience du vide. Mais au pays des pierres dressées! Là où l'on a foré des puits ou cimenté des citernes pour que l'évidence s'accumule! Partout où les palais ont été trop grands et les statues trop nombreuses autour de ce peu de fraîcheur, à moins que quelque hyperbole de pierre pure, comme dans la voûte romane, ne recueille et n'exalte, la simplifiant, cette adhésion à la terre... L'aire de l'arrière-pays va de l'Irlande aux lointains de l'empire d'Alexandre, que le Cambodge prolonge. Y sont provinces l'Egypte, les sables de l'Iran aux bibliothèques cachées, les villes islamiques d'Asie, Zimbabwe, Tombouctou, les vieux empires d'Afrique, – et certes le Caucase, l'Anatolie et tous les pays de la Méditerranée, encore que le temple grec, rectangulaire, me parle de façon autre. Car les civilisations que j'assemble, nées du désir de fonder, ont pour signe de soi le cercle, le plan central et le dôme. Au prix, bien sûr, d'être investies par un autre cercle, celui de l'horizon inconnu,

Là où l'on a foré des puits ou cimenté des citernes... (p. 47) ▶

Les voûtements du pisé après des lieues et des lieues de pierrailles et de sel... (p. 46)

de l'appel des lointains au pèlerinage, à la quête, de l'obsession d'un autre pôle, du doute. L'aire de l'arrière-pays, c'est l'orgueil, mais aussi l'insatisfaction, l'espoir, la crédulité, le départ, la fièvre toujours prochaine. Et ce n'est pas la sagesse. Mais peut-être, qui sait, mieux que cela.

Je pense à l'Inde, où cette dialectique, d'affirmation qui se nie, a été vécue, si consciemment. Je n'y ai passé que quelques jours mais ce fut assez pour y entendre l'afflux régulier, arborescent, artériel de l'irréalité dans la certitude. Nous traversions le Rajasthan, et les montagnes s'ouvraient, se déroulaient, se fermaient dans le silence augural de certains débuts de rêve. On s'arrêtait à l'ombre d'un arbre, il y avait une allée pour conduire, au-delà d'un portail ouvert, à une grande maison au loin, délabrée mais crépie de couleurs claires, ornée de stucs, et de petites filles venaient sans marquer le sable – dansant pourtant, à des instants immobiles – nous offrir, indifférentes, de l'eau. L'été aussi était immobile, désert. Puis se formait dans ce vide un tintement de clochettes, sortait de la campagne endormie un marchand de boissons glacées, les enfants revenaient, donnaient un sou, se parlaient un peu, se taisaient, lui aussi restant longtemps sans bouger, sans désirer presque, dans la lumière. Autres catégories, autre expérience du temps? La profondeur de l'espace et celle du geste confondues pour donner une impression d'imminence, – eût-il suffi d'entrer là, suffira-t-il en tout cas d'aller par ici plus avant pour qu'à un détour du chemin, les formes changeant un peu, l'avenir se résorbe, le malentendu se dissipe? Mais plus loin, ce n'était pas l'objet du désir, seulement son expression plus intense, son dépassement aussi quelquefois. Ai-je compris Amber? On dira peut-être que je m'y suis endormi, comme le voulait la terre sans fin, le parfum d'inconnu trop lourd, les enchevêtrements aussi, hypnotiques, de l'écriture islamique dans la lumière. Et c'est vrai que j'ai laissé là une de mes ombres: à errer dans les salles fraîches, à boire l'eau gardée dans les grandes jarres. Inapaisée s'il est vrai que le temps n'a pas cessé, et qu'il faudra qu'un jour, *per fretum febris*, avec d'autres ombres je la retrouve. Lente pourtant, le visage lisse, la lèvre un peu gonflée par la suffisance des fruits.

De loin j'avais regardé, avec déjà une attention soutenue, grandir la forteresse rougeâtre dont l'enceinte, bizarrement, dévalait ou grimpait des pentes, traversait un ravin, s'établissait gauchement sur l'autre rive. Il me semblait que ce mur allait au hasard, car à l'intérieur je voyais le même sol qu'au-dehors, inhabité et stérile. Mais nous sommes entrés dans cette enceinte puis dans la forteresse plus haut, et par des cours ombragées et des salles sombres nous avons atteint des terrasses où, d'un seul coup, j'ai compris. La ligne des remparts n'enclôt rien qu'on ait songé à défendre, elle coïncide avec l'horizon, tel qu'on le voit d'où je suis. Partout où le regard pouvait suivre le ras du ciel dans les pierres, un prince a fait courir la muraille, qui, de ce fait, ne retient pas ce qu'il possédait, mais le visible. Un lieu et l'évidence ont été identifiés l'un à l'autre, l'ici et l'ailleurs ne s'opposent plus, et je ne puis douter que ce fut là l'ambition première puisque, n'embrassant que des pierres, de maigres arbres, quelques maisons, un fond de torrent, ce n'est pas la profusion vide des essences que ce trait de couleur légère cerne, comme l'enclos japonais, mais la présence, le fait du sol, dans son recourbement sur soi qui produit un lieu. Dans le battement des saisons, sécheresses et grandes pluies, le roi de ce peu de sable a voulu ne plus percevoir le pouls irrégulier du désir. Ce fut un effort extrême, la plus grande violence faite jamais à l'espace, au point que les murailles sont basses, à des endroits, réduites à presque rien, comme exténuées par l'audace de s'être portées *jusque-là*. Mais de ces cordes du cithariste d'alors les nœuds d'ondes devaient bien s'accumuler, immobiles. Exister montait droit comme une fumée que n'affecterait aucun vent. Je me convaincs de cela, me tournant vers chaque bout du ravin, et vers l'ouest, qui jette déjà des ombres. Quelle conclusion à l'architecture! Son abdication, son triomphe. Et quels raffinements dans le geste, le sentiment, chez ceux qui vivaient ici, grâce à l'énergie neuve que retenait cette paroi résonnante! J'essaye d'imaginer cette distillation, cette transparence, mais soudain, qu'ai-je vu, ç'a été comme un coup de griffe.

Je viens de découvrir que le mur, à un endroit, puis un autre (en fait, souvent) se sépare de l'horizon. Ce sont des écarts minimes mais, le soleil baissant, les ombres les accusent et je ne puis plus les méconnaître. Là, c'est un peu du monde extérieur qui apparaît au-delà des tours, là une d'entre elles manque, dérobée par une bosse lointaine. Ai-je rêvé l'intention du constructeur, dois-je me réveiller à ma folie, à ma solitude? Non, c'est plutôt que je n'ai pas su, au premier regard, tout comprendre, – ce que je fais, maintenant. L'affirmation a été voulue, mais aussi l'aveu de sa démesure. L'ailleurs a été «aboli», dans l'instant premier, mais la lucidité a suivi, qui a laissé la profondeur non détruite briser le pouvoir de clore. Le prince a

 moins voulu achever son rêve qu'en méditer

l'illusion. D'où vient, pourtant, que là où se marque l'échec, j'éprouve ce sentiment – où l'inquiétude, qui recommence, s'efface – de réalité approfondie, et rejointe?... Mais qu'aurait apporté cette profondeur scellée, censurée, sinon dans le figement du hasard une aggravation de l'énigme? Tandis qu'en laissant vivre et l'affirmation et le doute – faisant vibrer, en somme, la corde de l'horizon – le souverain d'Amber a libéré avec la nostalgie l'impatience, avec la finitude l'ardeur, et permis à une autre musique, moins savante mais douce, mais compassionnée, de reprendre: musique ancienne en effet, chant consubstantiel à la vie, sauf qu'on l'eût dite autrefois, ailleurs, l'écume du temps qui passe, et qu'on la sent soudain, ici, une vérité. Saccades, inachèvements, lenteurs, élans aussi, rythmes qui se précipitent et se dénouent, c'est la terre même, à Amber, qui se prête aux mains qui trouvent le rythme, aux mots qui veulent la paix du cœur. C'est elle qui incite à chercher pourquoi c'est dans la durée qui se brise que se délivre parfois une saveur d'éternel.

Un peu plus loin sur la route, à Jaïpur. Un autre prince a fait bâtir là un observatoire

Un chemin qui serait la terre même... (p. 57) ▶

célèbre. Dans un enclos aujourd'hui plein d'herbe les instruments qui sondaient le ciel se sont convertis à la terre, j'entends qu'ils ne sont plus qu'un lieu, qu'on rejoint, qui séduit, qu'on quitte après qu'une heure a passé, quand il faut recommencer à vieillir. Les quelques amis ont visité l'observatoire, les palais, puis ils reprennent la route, c'est de bonne heure un matin. Avant l'arrière-pays de montagnes sèches et vides, nous suivons la dernière rue, dont les façades, les murs sont crépis de rose, parés de stucs, – cette grâce un peu rococo qui fait le charme de Jaïpur, de toute sa dissonance d'avec l'odeur d'inconscient, de sexualité, de mort, qu'y répand partout le jasmin. La lumière aussi, pour une heure encore, est légère. Et j'essaye d'imaginer, comme à Amber un instant, les vies qui se nouèrent et dénouèrent dans ces maisons, leurs civilités ou leurs fièvres, leurs tragédies, leurs bonheurs, mais je m'aperçois, un peu tard, que cette question n'a plus d'objet. La montagne, en effet, s'est rapprochée de nous à droite et à gauche, et c'est au point que ces imitations de façades ne sont plus devant elle qu'un écran. Encore un mince rideau de feuilles au-dessus des arcatures, des niches, encore la couleur d'un oiseau, puis rien que l'aplomb désert et tout prend fin. On a bâti Jaïpur, comme Amber, pour que l'ici et l'ailleurs, qui partout s'opposent, «ici», dans ce lieu qui s'efface, se marient. Et la beauté s'est accrue, là où l'orgueil se renonce, comme une flamme d'autant plus claire que presque décollée du bois infini. Pour quel approfondissement de l'expérience terrestre ceux qui interrogeaient le ciel vide ont-ils placé ce jalon? Et pourquoi ce besoin de l'ailleurs, que rien ne comble, mais pourquoi cette alliance que nous faisons parfois avec l'ici périssable, en l'ouvrant à la route pour le chagrin du départ mais pour la joie aussi bien, la pure joie, du retour? Je me demande, en quittant Jaïpur, si le monde des coupoles, des villes fortifiées, des feux brûlant sur les cimes n'est pas celui, surtout, d'un chemin qui s'en éloigne, non pour l'ailleurs dont pourtant l'on rêve, mais pas davantage pour le rebord du grand vide que le bouddhisme suggère. C'est un chemin de la terre, un chemin qui serait la terre même. Qui en assurerait – revenant sur soi, se faisant en cela esprit – la révélation, l'avenir.

Degas

III

Je connaissais fort mal la peinture italienne avant mon premier voyage en Toscane. Bien sûr, j'avais quelque idée des peintres les plus célèbres, et des tableaux de Léonard de Vinci me revenaient parfois comme en songe. Mais ce qui devait un jour me toucher le plus m'était inconnu encore. Et je n'avais en somme bien regardé que les œuvres qu'aima le surréalisme: la *Profanation de l'hostie,* d'Uccello, et celles que Chirico a peintes dans sa première manière.

Pourquoi n'avais-je pas cherché à en savoir davantage? Sans doute par l'effet d'une convergence. L'emploi outré, abstrait, de la perspective chez Uccello fait qu'elle démembre l'espace, extériorise les événements et les choses, rend fantastiques les formes, lointaines les couleurs, nocturne toute l'image: et j'étais donc flatté dans mes tendances gnostiques, mais privé aussi d'une beauté simple, que j'aimais déjà plus que tout pour autant qu'elle m'apparût au loin, sous le signe d'un autre monde. Réciproquement Chirico, en bâtissant à grands traits, comme un décor de théâtre, ses colonnades, ses places, me parlait bien d'un *ailleurs*, mais en tenait-il la promesse? Certes non, et ses ombres portées trop longues, ses pendules comme arrêtées exprimaient une angoisse, disaient une irréalité qui me faisaient douter des pouvoirs, du bien-fondé même, de la perspective classique. Déterminée par le nombre, intelligible, n'était-elle pas de ce fait une incompréhension de la finitude? L'oubli et non la transmutation de la dimension temporelle? Je rêvais, disais-je, d'un autre monde. Mais je le voulais de chair et de temps, comme le nôtre, et tel qu'on puisse y vivre, y changer d'âge, y mourir.

L'emploi outré, abstrait, de la perspective… (p.62)

Après quoi je finis par aller en Italie, tout de même, et là je découvris, en une heure, inoubliable, qu'un monde qui paraissait, chez Chirico, l'imaginaire, l'irréalité, l'impossible, en fait existait bel et bien, sur cette terre, sauf qu'il était renoué ici, recentré, rendu réel, habitable, par un acte d'esprit aussi nouveau pour moi que d'emblée mon bien, ma mémoire, ma destinée. Je visitais les églises, les musées, et voyais sur tous ces murs blancs les Madones graves, sereines, presque debout dans leur présence sans faille, de Giotto, de Masaccio, de Piero della Francesca. Ces peintres avaient décidé de la perspective autant ou plus qu'Uccello, ils avaient mieux que lui délivré l'image de son voûtement médiéval: mais eux ne déniaient pas à l'objet sa qualité substantielle, sa transcendance à l'égard de toute formule. En fait, ils rassemblaient l'évidence éparse, ils portaient hardiment dans l'expérience sensible la lumière et l'unité d'un sacré; et la perspective, ils l'avaient conçue, je le comprenais maintenant, pour accomplir cette tâche: lui demandant de délimiter l'horizon, de découvrir et recueillir le possible, de dégager la conscience des préjugés, des chimères. Ce que j'avais cru une gnose, trouant l'horizon pour un autre ciel, définissait, comme la sagesse grecque, le lieu où vivre et la part précise de l'homme. Et comme il y avait eu, depuis Athènes, Jérusalem et la promesse du christianisme, cette connaissance des bornes était aussi une foi, qui discernait une fin dans la condition terrestre et travaillait à l'Incarnation. Ah, quelle impression de longue attente finie, de soif soudain étanchée, quand je vis quelques tableaux de la première moitié du Quattrocento, et aussi l'architecture de Brunelleschi, d'Alberti, qui enseignait que tout avait place, grâce à la science nouvelle, dans la dialectique solaire du plan central! En vérité, je connus un de mes plus grands bonheurs, dès ces premières rencontres, et physique autant que d'esprit. Car la pierre, les arbres, la mer au loin, la chaleur, toutes les espèces sensibles qui jusqu'alors bougeaient sans fin sous mes yeux, miroitement d'eau fermée, me revenaient comme sèches, c'était ma nouvelle naissance.

Et pourtant le combat n'était pas fini, en moi, contre la force d'excarnation, et loin de m'être jour après jour un appui l'art du Quattrocento faillit, de tout son immense poids, lui assurer la victoire. Est-il vrai que l'on ne désire l'ailleurs que là où l'ici s'affirme? Eh bien, voici comment un art de l'affirmation, une civilisation du lieu assumé peuvent se prêter, activement presque, à l'imagination d'un lieu autre, à la rêverie d'un art inconnu; se prêter à l'insatisfaction, à la nostalgie, aider à la dépréciation de ce monde même dont ils disaient la valeur.

Cette dialectique est d'ailleurs fort simple, et l'évolution du mal fut rapide. J'avais donc aimé

G. de Chirico

chez quelques grands peintres ou architectes ce qu'on pourrait appeler la synthèse de l'être dans la catégorie de l'espace. Et autant que la délivrance des formes, la *couleur claire* m'avait touché, par quoi chez Domenico Veneziano, Piero della Francesca, quelques autres, la vieille opacité de la représentation symbolique, aux couleurs figées dans leur sens, semble se dissiper dans la lumière du jour. Je craignais de la perspective les effets de théâtre, le clair-obscur: mais non, le soleil y venait de toutes parts, bien que jetant de légères ombres, la lumière naissait de la couleur même des choses, qui faisaient de l'espace terrestre, trempé de vie, le matin à nouveau de la première journée. Une révolution radicale, encore que différente de celle dont j'avais rêvé quelquefois, celle qu'aurait causée dans la violence et l'énigme du contre-jour l'aggravation soudaine de la présence solaire. Ici tout s'expliquait, tout se résolvait dans une irradiation aussi intérieure que douce – un nouveau degré de conscience, en vérité, une liberté que quelques esprits avaient dégagée, directement semblait-il, de l'expérience sensible. Mais que ce soit pour la méditation de la forme, ou pour cette alchimie de l'ombre faite couleur, les plus

Ses ombres portées trop longues... (p. 62)

grands n'étaient pas les seuls à me donner cette impression de maîtrise. Devant des œuvres qu'ils eussent trouvées maladroites, ignorantes, répétitives – retables commandés par des communautés paysannes, travaux d'ateliers provinciaux – je pouvais l'avoir tout autant sinon davantage encore. Après tout, même chez Piero della Francesca, on peut percevoir dans l'immanence de l'unité à la figure des choses une minime fêlure, qui trahit la nature intellectuelle, médiate, de son acte d'affirmation. Aussi empirique soit-il à tous les confins de sa science, aussi conscient de ce que le nombre laisse en dehors de sa prise, il reste qu'il a pensé ce qu'il représente, et dans ce moment d'esprit, c'est comme un excès d'apparence qui se marque, aux dépens de la vraie présence, laquelle a l'invisible pour fond. Or, si l'on observe cela, on peut – c'est Chirico à nouveau qui fait entendre son doute – ne plus voir qu'abstraction là où l'on touchait une terre. Alors que dans des tableaux plus rustiques, ou tel baptistère de village ou telle abside d'église pauvre la conscience, comme par adhésion instinctive aux choses de la nature, me semblait délivrée de soi.
 Par fruits plus simples, par des guirlandes de

Graves, sereines, presque debout dans leur présence sans faille... (p. 64)

feuilles et de fleurs naïvement empruntées aux rites dominicaux, par la jeunesse d'un corps plus franchement dite, par l'archaïsme d'un geste, une foi préservée se mariait au nouvel espace, le savoir et la paix ne faisaient plus qu'un.

Mais d'où venait qu'au lieu de rester dans cette paix, que j'aimais, que je savais reconnaître, je fusse vite nerveux, troublé, impatient de partir comme si je perdais, à rester là, une chance? Hélas, d'un raisonnement que je savais spécieux, mais que je me plaisais à faire, et qui finit par me retenir. Comme ces œuvres sont simples, pensais-je pour commencer. Avec tous mes mots, qui me permettraient de parler des ambiguïtés siennoises, des ambitions florentines, de Piero même, je ne pourrais, elles, que les trahir. Mais n'est-ce donc pas qu'elles reposent sur des modes de perception, des façons d'être, sur une catégorie, peut-être, dans l'expérience du monde, que je n'ai plus? Et pourtant, ces sociétés *averties*, ce furent de petites villes, des villages... Mais justement! Je suis l'héritier de l'Italie de la Renaissance, comme un chacun aujourd'hui, et ce n'est donc pas dans ses grandes villes que la conscience fut autre – je le

Averties, oui, mais non sans une sorte d'entrave. (p. 72)

saurais. Non, il faut concevoir que la conscience profonde a eu *ailleurs* son foyer; et qu'étrangère à ces villes qui ont collaboré à l'histoire, et à de moindres qui ont gravité autour d'elles, c'est dans un village lointain, une vallée presque close, une montagne pierreuse et presque déserte, et là seulement, qu'elle a dû paraître. – On reconnaît le mouvement de pensée par lequel l'idée d'arrière-pays m'a privé quelquefois, je l'ai dit, de ce que j'aime.

Mais il s'ébauchait cette fois au sein d'une civilisation très cohérente, que je n'avais fait qu'entrevoir, que je découvrais peu à peu, que j'aimais déjà profondément, et du coup l'obsession s'intensifia, d'autant plus dangereuse que les élans et les retombées de mes intérêts pour tel peintre, puis pour tel autre purent me donner l'illusion que je saurais enfin, sur la voie, apprécier des repères et préciser même une méthode. Après avoir découvert, et magnifié, une œuvre, en effet, j'en voyais mieux les limites. Telle gardait trop d'élégance, telle autre restait marquée, au second regard (et cela se lisait dans l'expression du chagrin, de la pitié, de l'amour) par une psychologie trop cou-

 rante. Averties, oui, mais non sans une sorte

d'entrave, qui les retenait de notre côté: elles n'avaient eu qu'un reflet de ce qui, là-bas, avait resplendi dans sa plénitude. Cependant, si aujourd'hui je constate en quelqu'une cette faiblesse qui est un manque, ne pourrai-je pas percevoir demain, et cette fois par rapport à cette œuvre-ci, le fait d'un surcroît, en quelque autre? Si bien que d'œuvre en œuvre je serai capable de progresser vers la plénitude lointaine? En ce point du raisonnement, j'avais à me demander si la remontée n'aboutirait pas, au meilleur des cas, à un lieu aujourd'hui désert ou un village dépossédé, mais je concluais constamment qu'il n'en serait rien. Où la conscience a trouvé la clef, comment pourrait-elle la perdre? L'homme de vérité a cessé de peindre, pour quelque raison, que j'ignore, mais il n'a pas disparu, il ne s'agit que d'apprendre à le reconnaître, dans sa différence silencieuse, et c'est ce qu'auront permis, justement, les tableaux, les statues, les salles désertes sur le chemin. Oui, je suis près de toucher au but. A quelques dizaines de kilomètres d'ici, moins peut-être puisque mes goûts se resserrent sur la Toscane du Sud, un peu de l'Ombrie, les Marches, le nord du Latium encore; et grossière au premier regard puisqu'il s'agit, dans sa pureté cette fois, d'une relation inconnue de l'esprit et des apparences, l'œuvre absolue existe et le vrai pays alentour...

Sophismes, certes, car je faisais de l'art, qui est un ordre, ayant sa loi propre, le simple épiphénomène où s'inscrirait un indice: tout en sachant qu'au dernier moment il faudrait que cessât cette appréciation par le doute, l'œuvre ultime se découvrant une présence absolue. Et de fait je me demandais comment je pourrais, au moment voulu, renverser le signe de ma lecture. Mais cela ne faisait que m'enferrer plus avant, car j'essayais de me donner des critères interprétables de deux façons comme les pavements en damier qu'aimaient justement les perspectivistes – et ces espérances spécieuses nimbaient d'une lumière d'énigme les prédelles les plus quelconques. Qu'est-ce qui pourrait me servir de grille? De repère sur le chemin? La façon de représenter terre et ciel, puisque l'arrière-pays, c'est d'abord un regard sur le lieu proche? Ou de bâtir le trône divin, cet édifice suprême? En fait, n'aboutissant à rien de tangible, je faisais aussi l'hypothèse que le centre caché avait une sorte de magnétisme; que si je cherchais ainsi, apparemment au hasard, c'est que j'étais déjà retenu dans son influence; et que je n'avais donc qu'à me laisser conduire, remplaçant la pensée infirme par les pulsions de tout l'être, au fond duquel il y a le vrai. Ce furent alors des mois où je jouai avec l'idée que j'étais guidé, dans les galeries et les villes, par une providence longtemps vacante, et que j'avais éveillée. Aujourd'hui encore, quand il m'arrive de rencontrer dans telle pinacothèque un tableau familier, dont j'avais oublié qu'il était là – comme récemment à Volterra la *Déposition* de Rosso –, je suis saisi d'espoir, il me semble – un instant – qu'on me rappelle à la tâche. Que d'heures j'ai passées, ne sachant trop si j'étais sérieux ou non, à feuilleter ma «Pistis Sophia», le *Burlington Magazine*, dans ses livraisons anciennes, où les photographies sont plus petites, plus grises! Je regardais une *Madone* d'Arcangelo di Cola da Camerino, je me disais: qui est plus que lui sur le seuil, faut-il que je parte à Camerino, pour les derniers pas sur le chemin? Mais Arcangelo a beaucoup voyagé lui-même, et de façon mystérieuse. Il est allé à San Francesco de Pioraco et à Riofreddo dans le Latium. Et il y a aussi cette main – Piero della

Francesca peut-être, dans ses énigmatiques débuts – qui n'a pas peint sans raisons, on peut au moins le penser, sous une *Annonciation* de l'Angelico, encore assez archaïque, encore hantée d'un ciel d'or, l'étendue du lac Trasimène comme on la voit, dit-on, lorsque l'on vient de Cortone. Partir à Cortone, pour une pension de famille dans une rue de hasard. Un vestibule

A quelques dizaines de kilomètres d'ici, moins peut-être... (p. 73)

dallé de vert comme dans la *Profanation de l'hostie*. Et cette chambre aux murs blancs où tout à coup un tableau...

Je n'allais pas à Riofreddo, dans le Latium, et j'ai remis jusqu'à aujourd'hui la visite de Cortone. En fait je n'ai parcouru de la profondeur italienne que les lieux importants de l'art disons ordinaire, celui que mon jeu d'esprit tenait pour un reflet déformé de la présence invisible. Et je dois même indiquer que mon étude de la peinture toscane, menée avec sérieux, ne fut pas trop détournée de ses aspects essentiels par la rêverie sur les provinces lointaines, – heureusement, car elle a fini par me libérer. La rêverie n'affectait pas ma raison, toutefois elle insistait dans ma perception comme une tache, comme un halo de l'image qui, à des instants, troublait de ses irisations tout le sens. Et quand le halo se fut bien marqué, il pénétra l'art toscan, tout autant qu'il le déniait, de sa bizarre lumière: et de celui-ci, éclairé, monta une évidence qui dissipa les nuées. Ce qui d'ailleurs était prévisible. Comment douter que l'évaluation ontologique et non la reproduction des apparences ne soit le vœu profond de l'art italien, jusqu'à la fin du baroque? En ce sens ma hantise pouvait errer quant à l'analyse de ses messages, elle n'en parlait pas moins la même langue que lui, et il fallait bien qu'une fois ou l'autre j'entendisse mieux sa parole. Et celle-ci pouvait bien m'accueillir à la fin du rêve, m'ayant à sa façon accompagné sur ses voies. Une affirmation, une assomption de notre lieu d'existence chez Masaccio, chez Piero della Francesca? Mais le rêve d'un âge d'or, l'ambition d'une refonte profonde de la perception par les nombres, presque l'idée d'une terre autre, pour l'esprit, ce sera sans doute Ficin, mais c'est déjà la coupole de Brunelleschi, les façades d'Alberti, à Mantoue, et ce que signifie, ce que pense rejoindre même, la main qui, à Arezzo, dans la *Rencontre de Salomon et de la reine de Saba*, désigne le point de fuite. Et pour bien comprendre en sa profondeur, faite de contradictions et de reprises, de rêve autant que de science, de démesure secrète, l'affirmation qui m'avait touché, il valait donc mieux ne pas s'en tenir à ses moments de victoire, mais avoir pu sonder par impatience semblable, illusions et désillusions, recommencements d'espérance, les diffractions, les remous de cette ambition toscane à la fois extravagante et lucide, où l'orgueil combat sans fin la sagesse, et l'exigence le stoïcisme. Contemporain de Piero ou presque est Botticelli à Florence, de qui procède le maniérisme, qui est l'art du désir qui ne se renonce pas, et lui sacrifie la terre à peine pourtant reconnue. Michel-Ange bientôt, par inaptitude au fini, va laisser inachevées ses sculptures. Pontormo... En vérité, qui est sensibilisé par un désir à soi, un élan même rentré, un regret, une folie, au contradictoire dans l'unité, aux déchirements qui traversent de belles images de paix, à la musique aussi de certains désordres, ne peut douter que l'affirmation de quelques esprits, parmi les plus assurés, procéda moins d'une aptitude à la terre que de l'obstination d'une expérience morale. Douteuse sur le plan purement sensible, comme dans le cas de la perspective, mesure à jamais extérieure, leur recherche se ressaisit, et cette fois est sans faille, comme acceptation du destin. Et c'est même à travers cette ataraxie, dans la clarté de l'ascèse, qu'elle atteint au meilleur de la perception. J'aimais la *pittura chiara*, disais-je, ce déliement des couleurs. Et l'interprétant comme un fait de conscience pure, j'imaginais qu'elle était l'atténuement, parmi nous, d'une qualité d'aube «là-bas» plus grande encore. Mais je finis par comprendre qu'elle ne reflétait, au terme d'un long combat – avec l'orgueil, ce démon d'Uccello –, que la transparence du cœur. Quelle «immédiateté» pourtant, dans cette notation «purement» sensible! Mais c'est ainsi. Rien n'est immédiat, rien n'existe même, tout se gagne, tout se construit à l'épreuve de l'existence, et d'abord la beauté du lieu que celle-ci a fait sien.

Et qui avait parcouru, en esprit, les lointaines régions recluses de la Toscane ou des Marches, cherchant paresseusement, orgueilleusement, à distordre le simple, à fracturer l'évidence, à fuir les difficultés de la condition mortelle, celui-là pouvait certes beaucoup apprendre, et pas seulement en matière d'art, sur le chemin du retour. Un jour le «voyageur» s'aperçut que, s'il n'avait pas vu Camerino ni vraiment désiré s'y rendre, il avait vécu à Florence, et eu là, auprès de la *Nuit* dans la chapelle médicéenne, son apprentissage de la vie. Florence, à des moments tendue, impatiente, noire, à d'autres réconciliée; souvent perdue dans sa rêverie, mais jamais insoucieuse de ceux qui souffrent; et incapable de la sagesse d'ailleurs instable de Piero, mais plus tendre aussi, pour effacer la sueur des fièvres, – Florence

Mais non, le soleil y venait de toutes parts... (p. 67)

avait été pour lui l'éducatrice blessée, mémorieuse, savante, dont il avait besoin, qu'il cherchait. Et elle lui montra, leçon jamais par lui entendue encore, qu'on peut aimer les images, même si de chacune on reconnaît le non-être: tant il est vrai que toutes ces œuvres ensemble, ce n'est pas une annulation réciproque, mais un approfondissement possible de soi, et pour finir le destin. Je me souviens qu'un matin, dans une église d'Arezzo, je m'obstinais longtemps à chercher à suivre, dans les écaillements d'une fresque, sous laquelle en paraissent d'autres, la main que mon démon me disait peut-être infinie de Barna. Puis je sentis une brusque lassitude. Pourquoi Barna, quel besoin avais-je de cette ombre? Ce mur n'avait de dérobé, dans sa ruine, que l'inconscient qu'y projetaient mes visions, et que je ferais mieux d'essayer d'abord de comprendre. Je sortis de l'église, San Domenico je crois, dans le grand soleil du parvis; et ne fis rien, bien sûr, que les pas et autres gestes sans consistance de qui a visité et repart, songeur, touriste qu'il le veuille ou non, étranger; mais une pensée trouvait place dans ma conscience. Le voyageur, me disais-je, est revenu à Arezzo. Il a voulu repartir d'une fresque où quelques jours avant il avait perdu la piste, supposait-il. Mais il renonce soudain (ces mots me furent longtemps obscurs) à la catégorie de la forme. Et il sort de l'église, et se laisse choir sur les dalles. Une voix à son oreille murmure: *Ma l'erba è sempre la stessa...* Après quoi il reprend sa route. Mais, cette fois, au hasard.

Que signifie ce dédoublement, ce «passage du Je au Il», ce regard porté comme du dehors sur des fantasmes? D'abord que le démon avait été vaincu, au moins pour un temps. Mais que la tentation avait été assez forte, l'épreuve assez soudaine, assez rude, pour que dans ce moment de répit je sentisse – ou crusse sentir – que j'avais la tâche de me comprendre. Je formai le projet, autrement dit, d'écrire un livre où le «voyageur» reparcourrait son chemin, ou plutôt s'y engagerait vraiment, allant où je n'avais pas été, raisonnant sur les œuvres plus attentivement que je n'avais cherché à le faire: et revivant de ce fait les illusions que je n'avais eues, si je puis dire, qu'en rêve, mais découvrant aussi bien ce que je ne savais pas encore, la raison d'être et les mécanismes de ce décentrement au nom du centre, de ce gant retourné que je faisais de ma vie. Un livre, – une ambiguïté encore. Car recommencer le voyage dans l'écriture au moment même où l'existence l'interrompait, c'était peut-être vouloir le préserver autant que l'analyser pour le réduire. Mais autant rendre à l'atemporalité de l'écriture ce qui blessait ma vie: la crainte, qui naît des mots, de la finitude, du temps; et je pensais aussi que, butant alors contre cette fatalité, je m'interrogerais toujours plus. Un livre à deux niveaux, plutôt qu'une ambiguïté. Un livre où la raison finirait par circonvenir le rêve.

D'autant que peu après cette matinée d'Arezzo, je fis un rêve, au sens plus bref de ce mot, qui m'apparut comme la fin d'une étape. J'étais dans une chapelle octogonale, et sur chacune des parois était peinte, je ne sais par quelle dialectique confuse des surimpressions, des oublis, une des Sibylles qui annoncèrent au monde l'Incarnation. Ces peintures étaient ruinées, mais je tenais de mes raisonnements habituels que ces dommages allaient être mon épreuve, car ils avaient dépouillé un art de ses déterminations extérieures, par le fini, et me permettaient donc de retrouver la forme intérieure que le peintre, obligé aux contours, à la couleur, n'avait pu qu'y laisser se perdre. Dans l'œuvre enfin descellée de soi la présence pouvait paraître, cela ne dépendait que de moi. Et d'ailleurs il y avait dans l'air une voix errante que je puis, je crois, faire signifier à peu près ainsi: «J'efface ce que j'écris, tu le vois, c'est parce qu'il faut que tu lises. Je suis assise au bout de la série des trois salles, qui donnent sur le jardin, tu as vu un peu de ma robe, tu es venu à moi dans l'été, enfant désireux d'aimer, anxieux d'apprendre, auras-tu le temps de me déchiffrer, toi dont je prends la tête sur mes genoux, toi qui pleures...» Je regardais la Sibylle au visage effacé dans la chapelle silencieuse; et je savais que dehors, c'était l'été, en effet, avec le chant des grillons, la lumière déserte, le chemin. Toute ma vie résumée et toute ma tâche, mais je n'étais pas effrayé.

Je n'étais pas prêt pour autant. Et le reflux que j'espérais ne se fit que sous des aspects symboliques et dans une écriture tendue que je ne sus pas élucider. Ce qui se formait ainsi n'était d'ailleurs qu'un fragment, je le sentais – un mauvais vouloir de mon inconscient fermait beaucoup de circuits, obscurcissait bien des signes. Aussi bien je finis par détruire les notes prises et les pages déjà écrites. Mais ce ne fut pas les oublier.

Manquait, je me souviens, la première page. Malgré tous mes effort, je n'avais pu à aucun moment ni écrire ni même l'imaginer. Je savais seulement qu'elle aurait charge de dire les origines du voyageur, les raisons accidentelles encore de sa décision de partir. Il se levait, l'ayant prise, et sortait de sa chambre d'étudiant pauvre. C'était la nuit, «dans une ville de l'Est» (je n'avais pas à le mettre en doute) humide et silencieuse.

Mais alors commençait, ou presque, la seconde page qui, elle, m'avait été donnée d'un seul coup, comme si j'avais vu de mes yeux, dans une autre vie, les événements que je vais dire. Je retrouvais celui qui allait être le voyageur, et c'était la même nuit: il descendait lentement (moi, je voyais comme par-dessus son épaule) une venelle, aux pavés irréguliers et déjoints par une herbe pauvre, et très sombre, jusqu'aux abords d'un canal également sans lumière. Je ressentais, je ressens toujours, de façon très immédiate, physique, le fait de cette nuit si épaisse. Il y avait, près du canal, des maisons, mais sans feu et quasiment invisibles; rien qu'un vague reflet d'étoile sur l'eau qui ne coulait pas. Et pourtant il fallait que le voyageur attendît là, immobile, un temps dont je savais qu'il serait très long, comme si des forces cachées avaient à frayer leur voie dans un enchevêtrement d'oublis, d'intellections inutiles. «Je restais une heure peut-être auprès de l'eau, eût dit à peu près le voyageur (car il me semblait parfois, mais parfois non, que j'écrirais le livre à la première personne), et je sentais que mon pas ancien trouvait ici sa limite.» Puis une porte s'ouvrait «dans la dernière maison», un pan de clarté s'étendait vers l'eau et un peu même sur elle, un vieil homme courbé avait paru sur le seuil, disparaissait dans la nuit ambiante, resurgissait sur la berge dans le rayon de lumière. Il se penche sur une barque, y prend un panier, repart. Il rentre et ferme la porte. Un bruit simple et mat, sans écho. Et déjà dans ce bruit l'absence du bruit, comme si rien ne s'était passé. Oui, le lieu comme avant, exactement, la même luminosité incertaine sur l'eau fermée, et tout à nouveau dans une réciprocité immobile, inconsciente, un rapport vacant de pierre à pierre.

Et le voyageur se demande: le lieu ne garde-t-il rien de ce qui pourtant a eu lieu? L'être s'oublie-t-il, instant par instant, est-ce à moi, à moi seul, de me souvenir? Il s'approche de la barque, qui semble attendre, elle aussi, retirée dans sa solitude. Plus longue qu'il ne l'a cru, c'est en fait un petit chaland, chargé de blocs de charbon. Des lettres sont à la poupe, mais qu'il ne peut déchiffrer. Il se rappelle alors que des morceaux de charbon, en effet, s'étaient émiettés sous ses pieds dans la venelle... L'auteur, lui, recomposant cette page, se souvient (il ne l'avait pas fait la première fois) des «moïses» de son

...ses livraisons anciennes, où les photographies sont plus petites, plus grises... (p. 75)

enfance, ces berceaux d'osier, ces paniers qui doivent leur nom à l'élu de Dieu abandonné sur le fleuve. J'ai dû, encore que je n'en sache plus rien, connaître ce récit, cette explication, dès longtemps, car une phrase me hantait en d'anciennes ébauches: *À moi l'Egypte, à mon secours le fleuve,* et quand je vis plus tard les grands tableaux de Poussin, certes ses plus irrationnels, ses plus inspirés, je sentis, comment dire, qu'ils dissipaient ce charbon à demi écrasé dans l'herbe. – Après quoi, mais cette fois au-delà même du *Voyageur,* je vis dans un musée *Father Time*. D'une sorte d'échoppe sortait à des moments un vieillard, il élevait et abaissait une faux, vaste geste sous la fatalité duquel une minute aurait dû tomber, mais les rouages s'étaient usés ou avaient rouillé, il y avait des saccades, des immobilisations, des reprises très lentes dans le mouvement de la faux, l'horloge servait bien mal l'idée que nous nous sommes faite du temps. Moi, cependant, rivé à cette vitrine, fasciné, je n'excluais par une autre hypothèse. Peut-être, me disais-je, loin de s'écarter de ce qu'il doit faire, ce mécanisme marque-t-il, par le vouloir de son horloger, le temps vrai, celui que nous n'osons concevoir, le temps qui a des hésitations (ou des failles), suspens qui sont notre chance toujours perdue, surcroît de la précision que l'on dirait, seraient-ils vécus, des miracles. Seule dans l'univers dont on n'écoute pas la musique, cette horloge témoigne de nos pouvoirs... Le souvenir du canal m'était alors revenu.

Ce qui montre, d'ailleurs, qu'il m'était resté, toujours prêt à se réveiller, malgré l'abandon du livre. Par contre, toutes les notes que j'avais prises pour les chapitres suivants, je les ai oubliées sitôt après les avoir détruites, et je dirai même que, les écrivant, les substituant déjà à d'autres abandonnées, je les oubliais page après page, comme si, malgré mes efforts, elles demeuraient sans vérité. Je peinais beaucoup, par exemple, pour dire la réflexion du voyageur sur les œuvres, c'est-à-dire pour formuler et sonder ce qu'avaient été mes hypothèses, mes ébauchements de catégories. Mais des raisonnements de naguère, déjà spécieux, je n'avais plus que des ombres, que les mots ne retenaient qu'un instant. Et quant à mes découvertes réelles, à mes admirations, mes bonheurs, ils s'effaçaient, bizarrement, du labyrinthe de pinacothèques et de cloîtres où était entré, je n'avais pas trop expliqué comment, l'étudiant de cette ville de l'Est. Pourquoi cela, me demandais-je, attristé? N'est-il pas mon représentant, mon image? Mais c'était question de niveau. Là où aurait pu être dit ce que j'avais vraiment éprouvé, là grandissait brusquement le voyageur, là il passait dans une nuée. Et quand je l'apercevais à nouveau, c'était dans un autre espace, un monde surélevé où la lumière était plus violente, les gestes stylisés, les événements et les choses évidemment symboliques sur le fond d'or d'une société comme endormie ou absente. Le voyageur ne se montrait pas là où l'histoire, la psychologie prédominent. Mon travail pour le faire entrer dans un hôtel, une gare n'aboutissait qu'à leur embrasement et consumation, il n'en restait à la fin qu'une ou deux phrases tendues. Et pendant ce temps je voyais foisonner en avant de lui un champ mystérieux que la raison, cette limite et ce guide de ma recherche présente, aurait dû certes forclore: car c'était – je ne pouvais en douter – le franchissement de la faille, les premiers pas sur le versant fallacieux que je voulais m'interdire.

Voici ce qui advenait au voyageur. Il avait donc parcouru l'Italie centrale et cela jusqu'au moment accablé, que j'avais repris de ma vie, de *l'erba sempre la stessa*, puis il était reparti sans but défini vers l'Adriatique. Et il arrivait à Apecchio, un soir. J'avais bien entendu traversé moi-même ce village, où l'on changeait d'autocar, il y a quelque vingt ans, entre San Sepolcro et Città di Castello. Une attente d'une heure ou deux au moment où la nuit tombait, resserrant au-dessus des toits la solitude des pierres: l'indifférent, l'oubliable par excellence. Mais ce vide n'avait pu faire qu'une émotion sans objet reconnaissable ne se saisît aussitôt de moi, qui était même restée intense pendant des jours et des jours. J'avais rêvé de revenir à Apecchio; et je le faisais donc, en esprit. Mais oui, c'est Apecchio devant moi! Mais aujourd'hui le village semble désert. Personne à la *mescita di vini* pour répondre à l'appel du voyageur, et les maisons sont fermées et silencieuses. Le voyageur erre dans Apecchio pendant que la nuit tombe, et après. Il ne rencontre, errant comme lui, qu'un cheval. *Un cheval pie,* écrivais-je, et je tenais beaucoup à ces mots, qui me sont restés, *dans la rue lavée par les ombres*... Après quoi? Eh bien, au-delà de cette image si claire du monde souterrain, de la mort, des magies qui abondent

Comme récemment à Volterra la *Déposition* de Rosso... (p. 75)

aux carrefours, se pressaient des entrevisions de plein jour, et même d'un grand midi dans la chaleur de l'été. Je m'en tirais avec une nuit d'orage, que le voyageur eût passée, au-dessus d'Apecchio, dans une chapelle vide. Aux approches de l'absolu on a droit, comme le peintre d'icônes, à ces rapides stéréotypes.

Et au petit matin clair, dans la lumière lavée, le voyageur fût parti à travers champs et pierrailles, sur les collines, et eût marché au hasard, après quoi, oui, il y aurait eu ce grand mur dans la campagne déserte. Il le suit, autour de lui l'horizon est très bas parmi les pierres, le ciel très bleu comme quand tout va finir. Et en lui s'accuse aussi bien une impression de noirceur malgré la lumière, ou plutôt au-delà d'elle, comme si les lignes du monde se recourbaient dans l'épaisseur contraignante d'une lentille, des touffes de couleur tombant de la surface des choses. Il a froid, d'ailleurs, il a faim: l'orangerie est très proche. Une orangerie, en effet! Le paradoxe d'une orangerie à la française à la crête d'une colline de la Toscane du Sud, je sais, et combien profondément, que ce doit être la fin – la métamorphose – du livre. Une orangerie longue et basse, ouverte au soleil de tout le jour par quatre grandes fenêtres, je sais que tel est le lieu où le voyageur, parti des rives de l'eau nocturne, doit aboutir. Mais un «blanc» cette fois encore, sauf que c'est moins défaut que surabondance. Un ressaut, d'irradiation, de chaleur, m'interdisait la vision dernière. Et si rien alentour n'était plus épars, si j'étais sur la marche d'une plus haute hypostase, la loi de celle-ci se dérobait et j'en étais réduit à des hypothèses. J'en ai fait plusieurs, et je ne sais, à vrai dire, si j'aurais jamais pu choisir.

Première hypothèse, ou vision, disons que c'est la *majeure*: le voyageur épuisé a buté contre une pierre, est tombé, a roulé au bas d'une pente et s'est blessé, gravement. Où se traîner, pour du secours – mais justement il y a dans le mur cette porte basse, qu'il pousse, et l'orangerie apparaît au bout de l'herbe. Et c'est alors qu'il entend ce pas, derrière lui, et des mains le touchent, la *gardienne du lieu* incline vers lui son visage. Anne, dans le tableau de Léonard de Vinci, Anne (Marie) penchée tournoyante a ce sourire. Mais dans le délire, la fièvre, les dernières écailles se détachent de l'apparence, le voyageur est aveugle. C'est presque inconscient, les yeux clos, qu'il sent qu'on l'emporte, il ne sait où, – ayant confiance, pourtant. Dans une variante de cette fin le voyageur est soigné dans l'orangerie, et le sait, il entend au-dehors le chant sans fin des grillons. Mais dans une autre imagination c'est valide qu'il est entré dans l'enclos, puis dans la salle, et c'est en entendant ce pas derrière lui qu'ayant pris peur, se sauvant – quelle figure va apparaître, quelle terreur vient annuler quel désir? – il tombe, puis il sera relevé. Quelle peur en moi, aussi bien, quel interdit que ne peut transgresser encore la remontée symbolique? J'écoute, il y a d'autres variantes, peut-être d'autres figures. Et de fait: le voyageur avait rencontré, une nuit, un inconnu à Florence. Celui-ci, plus âgé que lui (nettement) semblait connaître l'art italien (mais sans rien expliquer en clair) comme à partir des points où le voyageur renonçait, lui, à comprendre. Ils avaient parlé, obscurément, on eût dit à mots couverts, c'était à Orsanmichele, et à propos de cette peinture, isolée au centre de l'église, bien qu'on la distingue mal, mais à propos aussi de la salle fermée qui est au-dessus – le grenier – et de la qualité de son vide, à ce moment, dans la nuit d'hiver qui n'en

 finit pas. Après quoi *l'autre* (mais qu'en imaginer, il est si haut, ou si en avant?) se fût attaché aux pas de l'errant, demandant ici ou là de ses nouvelles. Et il arrive à Apecchio, où les maisons se sont rouvertes, puis à l'orangerie, où il parle à la jeune femme. L'inconnu est là sur le seuil à regarder l'horizon. L'air vibre de résur-

Qui est plus que lui sur le seuil? (p. 75)

rection au-dessus de la pierre sèche. Il y a dans la touffe des formes, des couleurs, qui se plient, se redressent comme une flamme, une voix pour crier que la longue attente est finie. Mais je ne me risque guère dans cette direction, elle est trop nouvelle, – ou trop ancienne. D'une part, en effet, l'entrevision se fait tout de suite d'une densité, d'une courbure incommensurables à mes moyens d'expression, je dirais même à l'espace, la femme aussi commençant à se dédoubler en cette figure diurne et une autre plus juvénile, aux mains aiguës, au rire bref, et nocturne. Et d'autre part, je dois reconnaître que c'est à nouveau, dans ces dédoublements, ces quatre présences où une cinquième n'est pas sans interférer en vibrant comme l'air dehors, *L'Ordalie*, le «roman» que j'avais écrit puis détruit trois ou quatre années avant, parce que ces bifurcations, ces décompositions prismatiques étaient certes irréductibles à toute psychologie, toute vraisemblance, se retirant comme une eau de l'écriture finie.

L'éducatrice blessée... (p. 81)

IV

Et c'est surtout parce que *L'Ordalie* «revenait» ainsi que j'ai détruit ce qui me restait – ou s'ébauchait – de mon nouveau livre. La réapparition de cette structure, avec ses exigences énigmatiques, son infini rentré, son autonomie silencieuse, signifiait trop clairement cette fois que je renonçais à mon ambition de comprendre, quand c'était elle toujours – oui, même après le canal, même après Apecchio et l'orangerie – qui me semblait le seul dessein légitime. Je déchirai *Le Voyageur* parce que je ne voulais pas l'écriture imaginative, et scellée, mais l'analyse avertie, condition de l'expérience morale. Et pourtant, et l'on s'en étonnera peut-être, je ne fis rien de sérieux pour rassembler à ces fins les données dont je disposais, non certes sur une «ville de l'Est» mais sur ma propre vie, présente ou passée, et cela quand les souvenirs, les observations, les pressentiments ne me manquaient pas pour une pensée qui eût été cohérente. Les mythes même qui se formaient sous ma plume, tout embarrassants qu'ils fussent pour le discours de la réflexion et de la mémoire, pouvaient prendre valeur de radioscopie des vouloirs en jeu et, rapprochés des faits d'existence, fournir des confirmations ou des clefs. Une de celles-ci étant d'ailleurs évidente. Quelles que soient les significations – ou présences – impliquées dans les réseaux de la fin du livre, la composante œdipienne y brille d'un éclat bien vif, elle marque une direction, et j'aurais pu retrouver au bout, pas même dissimulé, le premier arrière-pays. Car mon enfance a été marquée – structurée – par une dualité de lieux, dont un seul, longtemps, me parut valoir. J'aimais, je refusais, j'opposais deux régions de France l'une à l'autre. Et je faisais de cet affrontement un théâtre, qui employait toutes les bribes de sens dont je pouvais disposer.

D'une part, dans la ville où j'étais né, une expérience qu'il me fallait négative, et qui a réussi à modeler ma mémoire. De Tours avant la dernière guerre je ne revois que des rues désertes, et c'est vrai qu'elles l'étaient, en un sens profond. Nous habitions un quartier de petites maisons pauvres. Les hommes aux ateliers, les femmes ciraient leurs meubles derrière les persiennes presque toujours demi-closes, il n'y avait qu'un enfant à rompre parfois de son cri bref le silence. Moi, dans la petite salle à manger aux meubles interdits, je regardais par les fentes des contrevents l'asphalte brûlant de juin, où allait ruisseler l'ondée de l'arroseuse municipale. Je m'inquiétais de commencer à comprendre que la suite des nombres est infinie. Et le soir, aux dîners, sous l'ampoule jaune, je tentais de trouver le point mystérieux, dans le pain, où la mie commence, où finit la croûte, – bien vainement. Toutefois, ce faisant, j'anticipais au moins sur la nuit qui allait venir, nuit du départ en vacances, nuit énigmatique, sacrée, où, le train roulant régulièrement dans la campagne invisible ou traversant un tunnel ou s'arrêtant pour une minute aux abords silencieux d'une gare, je me demanderais, à peu près: est-ce ici que finit ce que je quitte, est-ce ici que l'autre monde commence? – Bien des années plus tard, étudiant un jour le déroulement des lemmes aux approches du théorème de Weierstrass, qui tend à préciser la notion de point, et de l'avant et l'après sur la ligne droite, je fus soudain remué par une sorte d'exaltation sans objet, où il y avait de la joie, de la tristesse, et tout de suite je me revis allongé sur la banquette, la figure dans une veste pliée, essayant de dormir, ne dormant pas. L'obsession du point de partage entre deux régions, deux influx m'a marqué dès l'enfance et à jamais. Et certes, parce qu'il s'agissait d'un espace mythique plus que terrestre, à l'articulation d'une transcendance.

D'autre part, en effet, des images de plénitude. Nous arrivions, au matin, nous franchissions la porte basse, délavée, qui donnait sur l'enclos (on disait le parc, il est vrai qu'il y avait de grands arbres) entre la maison et l'église, et je courais au fond du verger qui le prolongeait à droite vers la lumière et dominait la vallée. Là sans doute des fruits avaient commencé à mûrir. Les reines-claudes, les prunes bleues allaient tomber tout un mois, plus tard ce seraient les figues, peut-être le raisin – les prunes seraient fendues et en cela évidentes, ouvrant aux guêpes errantes davantage l'être que la saveur – et je pleurais presque, d'adhésion. L'exil était terminé. Zénobie, femme de quarante-cinq ans, grosse, sale, au port de reine, allait passer, poussant les oies du bout de son bâton courbe, vers ce qu'on appelait la maison des poules – un vestibule, une cuisine, un salon abandonnés aux caquets et à la fiente – et ce serait la terre debout, ceinte de feux, couronnée. Beaucoup me revient, cette fois, de l'herbe épaisse, du vent, de la maison, des villages. Pourtant, pas plus que Tours ne méritait mon refus, Toirac ne valait à mes yeux, je le vois bien maintenant, par ce que je croyais y aimer, et voilà déjà qui importe. Oui, je trouvais beau ce pays, il m'a même formé, dans mes choix profonds, avec ses grands causses déserts, où affleure la pierre grise, et ses orages de plusieurs jours, quelquefois, au-dessus des châteaux fermés. Toutefois, qu'aurais-je pu déchiffrer, de ces beautés difficiles, sans une qualité qui s'y ajoutait, et comme par accident? Quand nous repartions en septembre, à peine si se formaient les premiers brouillards, nous laissions le raisin, souvent, à mûrir encore et c'était donc un été sans fin qui nous accueillerait l'an d'après, c'était, cette vallée, cette rivière là-bas, ces collines, le pays de l'intemporel, la terre déjà un rêve où perpétuer la sécurité des années qui ne savent rien de la mort. Pays où la chair, comme a dit Rimbaud, est encore un fruit pendu dans l'arbre; où le ruisseau que Mallarmé prétend peu profond est encore caché dans l'herbe drue. Pays, par conséquent, d'une conscience qui peut appréhender l'univers (d'une façon naïve, qu'il faudra vite que l'on réprime) non dans le heurt déjà des existences finies, mais dans la musique des essences. Les «feuilles d'or», oui. En vérité, ce «massif central», coloré ainsi d'absolu, ressemble beaucoup à l'arrière-pays de mes rêveries ultérieures. Et quand des signes que j'avais voulu ne pas voir – un pont de fer sous les peupliers, une mare d'huile, bien d'autres, qui signifiaient le néant – eurent coagulé dans la lumière première, comme l'âge en moi l'exigeait, il m'est certes permis de croire que ce qui déjà n'était que mon

A des moments tendue, impatiente, noire, à d'autres réconciliée... (p. 80)

rêve, privé désormais d'attache, n'eut qu'à glisser jusqu'à l'horizon.

Mes grands-parents mouraient, d'ailleurs, et je me souviens du second enterrement, qui marquait, je ne pouvais en douter, la fin des années d'enfance. Les élèves du catéchisme s'étaient juchés sur les tombes, à cause de l'ortie qui gratte les jambes, ils reprenaient sans cesse la même strophe latine comme s'ils insistaient, dans l'affairement et l'indifférence des cloches, à une porte fermée. Et moi, pour la dernière fois, mais avec quelle émotion, je regardais un certain grand arbre sur la colline d'en face, de l'autre côté du Lot. J'aurais dû être ici, dans le petit cimetière, non, je marchais là-bas, dans sa direction, m'arrêtant à quelques pas toutefois, m'abîmant dans l'absolu de sa forme et l'évidence du vide autour de lui, et des pierres. Que m'était-il, je le comprends aujourd'hui. Isolé entre la terre et le ciel, figure intense bien définie, signe privé de sens, je pouvais reconnaître en lui un individu comme moi, qui savais désormais que le fait humain a pour racine la finitude. Mais si je décidais de faire de celle-ci ma «réalité rugueuse», mon «devoir» (oui, c'était ma pensée, qui s'obstina par la suite), je n'interrompais pas pour autant mon rêve, qui simplement se détournait du lieu proche, et reformait là-bas, dans l'image, l'unité regrettée du relatif et de l'infini. «L'arbre», comme je me disais plus tard (j'y pensais la nuit, je désirais le revoir), fut la première borne qui divisa le visible. Il était déjà l'horizon au-dessus d'Apecchio, et j'aurais pu aisément, à partir de mon *Voyageur* même obscurci par le mythe, en évoquer, en préciser la mémoire.

D'autant que le jour venait où – jalons, évidemment, entre l'ici et l'ailleurs – j'allais rencontrer d'autres signes et connaître un premier espoir. C'était à Tours, à nouveau, lieu que je voulais faire mien, désormais, non sans retours d'inquiétude. J'avais douze ans, à peu près, puisque j'apprenais les rudiments du latin, et tout de suite j'avais été fasciné par ces mots qui doublaient les miens d'une dimension imprévue, d'un secret peut-être, – mais surtout par l'admirable, la résonnante syntaxe. Ainsi, avec les cas, les déclinaisons, on pouvait se passer de prépositions pour les relations entre vocables. Avec les ablatifs absolus, les propositions infinitives, les participes futurs, on pouvait contracter dans un mot, ou une structure dense, second degré de l'esprit, ce que le français n'eût exprimé qu'en le dénouant. Loin de les affaiblir, ce resserrement me semblait aller plus intimement aux relations signifiantes; et découvrir ainsi, bien que de façon voilée, quelque chose d'une intériorité inimaginée (d'une substance) du fait verbal. Bien sûr, je ne pensais pas dans ces termes, et ce qu'était cette profondeur, je n'en avais guère idée. Ce qui fixait ma pensée, c'étaient plutôt des images, il me semblait que le latin était un feuillage vert sombre, touffu, un laurier de l'âme à travers lequel j'eusse perçu une clairière peut-être, en tout cas la fumée d'un feu, un bruit de voix, un frémissement d'étoffe rouge. Et j'attendais, je ne savais quoi, quand, un soir, je me retrouvai devant la page carrée ou presque, un peu jaune, aux caractères mêlés de romain et d'italique, qui traitait des questions de lieu.

Je commençai à lire, et ce fut l'éblouissement. La page d'un seul coup s'imprégna en moi et quand, le lendemain, le premier ou le seul je fus interrogé, je professai la révélation dans une sorte d'extase, d'ailleurs rentrée... Qu'avais-je appris? Que pour dire *où*, il y a *ubi*. Mais que ce mot réfère seulement au lieu où l'on est, tandis que pour celui d'où l'on vient, il y a *unde*, et *quo* pour celui où l'on va, et *qua* pour celui par où l'on passe. Ainsi quatre dimensions pour fracturer une unité – une opacité – qui n'était donc que factice. Le «où» que le français ne faisait que contourner, l'employant comme du dehors, découvrait dans sa profondeur une spatialité imprévue. Et parallèlement l'ici morne, le lieu d'énigme, s'ouvrait à une mémoire, un avenir, une science. C'était un peu comme quand, habitué à l'idée simple de ligne courbe, on apprend les notions de dérivée, d'intégrale. Et de même que ces notions n'apparaissent, en géométrie, en algèbre, que dans l'horizon de problèmes qu'elles font plus que résoudre, car elles en dissolvent le plan dans une structure plus vaste, de même j'eus l'espoir que le latin, langue plus avertie, algèbre de la parole en exil, me permettrait de comprendre pourquoi je me sentais égaré, et où il fallait que je cherche. En bas de page et dans un plus petit corps, il était précisé qu'avec *ire* (quel verbe, le plus profond, aucun doute!) le lieu où l'on va peut se marquer sans préposition cette fois encore, avec simplement l'accusatif. *Eo Romam*! Quelle transitivité magnifique! Quelle adhérence substantielle du

Certes, ses plus irrationnels, ses plus inspirés... (p. 89) ▶

Ils dissipaient ce charbon à demi écrasé dans l'herbe. (p. 89)

mouvement à son but! Quelle preuve de la puissance de la parole! Ces deux mots à eux seuls me parurent une promesse.

Et je commençai à lire Virgile, d'où cet exemple était pris, et d'autres poètes, dont la syntaxe m'était obscure, avec presque l'effroi d'être devant les vestiges d'une conscience plus haute, et vacante, qui allait peu à peu me révéler ses arcanes. – Mais il faut bien que je reconnaisse, aujourd'hui, que mon intention était ambiguë. Car je compris vite ou, pour mieux dire, d'emblée j'avais su *aussi* qu'il n'y avait rien à découvrir dans ces formes et dans ces œuvres, en fait de catégories et de modes d'être, sinon ce que connaissaient les adultes et en tout cas les poètes de toutes les langues du monde. Mais cette illusion, et la maintenir, me servait, car elle me permettait l'ébauchement d'un grand rêve. Apparaissait, en effet, avec la langue latine, la terre mystérieuse où ses mots avaient été employés. Et puisque Virgile évoquait des bergers quasi divins, accomplissant leur destin de façon comme musicale, brûlant le temps dans l'espace comme ces feux d'herbes à l'automne, qui agrandissent le ciel, c'était une région de hautes pâtures, de forêts, et ainsi le cœur même de la péninsule italienne, qui pouvait se charger d'être, à mes yeux, et garantir contre mes moyens de connaissance à venir la pérennité d'une énigme. L'attrait pour une langue m'orientait en réalité vers un horizon, une terre. Et quand je dus m'habituer à l'idée que Virgile ou Lucrèce ou même le vieil Ennius avaient trahi la promesse d'*Eo Romam*, cette terre seconde survécut à la déception et me permit de la compenser.

Je fis, déjà, un «raisonnement». Virgile, me dis-je, n'a pas parlé aussi profond, aussi *autrement*, que le latin semblait le permettre. Il s'est même leurré à un ailleurs illusoire dans les montagnes de Grèce, avant de mourir dans ce «lieu où l'on passe», et où lui revint, Brindisi. Mais n'est-ce pas simplement parce qu'il est d'une époque où le secret s'est perdu? Et ne faut-il pas remonter au-delà de ce moment de la poésie, simple vestige, première ligne des cimes, vers un état ancien de la langue, sinon même jusqu'aux dialectes qui ont précédé le latin, soit linguistiquement, soit dans les vallées et les bois des régions voisines? Merveilleuse hypothèse! Plus le latin me décevait, plus se chargeaient de prestiges les routes menant vers Rome, mais cette fois pour

Anne (Marie) penchée tournoyante a ce sourire. (p. 95) ▶

leur suffisance propre. Un autre centre avait existé. L'ailleurs se perpétuait sur la terre, que dis-je, il se manifestait pour la première fois comme tel, ayant rompu avec le visible. Et comme je touchais aussi bien à l'invérifiable, le rêve pourrait fraîchir, il n'en finirait plus de revenir par des brises légères ou des rafales. Lisant un jour, bien plus tard – j'avais déjà visité Florence – l'admirable *Descendit ad inferos* de Jarry, qui cite un vers des *Fastes*, d'Ovide, je pus constater son efficace durable. Ces quelques mots, c'est *Amne perenne latens Anna Perenna vocor*, et c'est vrai que ce vers a une magie, ce qui explique partiellement ma stupeur, mon adhésion, et même que ma mémoire, depuis presque vingt ans maintenant, me le redise toujours avec la même insistance. Mais plus encore que les jeux sans fin qui ont lieu dans sa profondeur entre le fleuve, l'oubli, l'éternité, la parole, et cette déesse si mal connue qui les fond dans son nom insaisissable, mêlée aux eaux du Tibre au printemps, ce qui me touche est de voir ce fleuve confirmé dans son essence d'amont de la présence de Rome, et que se marque ainsi la primauté d'un arrière-pays obscur sur le simple centre visible.

Un arrière-pays qui a son aire, en somme, non loin d'Apecchio... En vérité, quand j'eus à attendre une heure ou deux dans cette bourgade, je pouvais bien être ému, et même sans cause saisissable ou précisément pour cela: car Apecchio fut alors comme à l'état pur *le lieu où l'on passe*, mais dans la région fabuleuse où c'est passer près du centre, bien qu'on ne puisse le voir. – Je pouvais bien être troublé (c'est un meilleur mot sans doute) et j'aurais pu comprendre pourquoi, et je l'aurais dû, pensai-je bientôt, et mieux encore l'écrire, pour arracher le réel aux remous de la mémoire, aux illusions du désir, pour fixer au centre de ma pensée que la cinquième question dans la structure des quatre, l'insituable mais aussi bien la seule qui ait réponse, c'est celle qui sonde le temps et non plus l'espace. Mais je l'ai dit: *vorrei e non vorrei*, quelque chose d'obscur en moi se refusait à la tâche.

Et je me fis des reproches. A quoi bon avoir décidé d'affronter la finitude, lu Baudelaire, Rimbaud, Chestov, inscrit en épigraphe d'un livre des mots sur la vie de l'esprit et la mort que je savais la vérité de la poésie autant que de l'existence sérieuse, si c'était pour retomber, sinon dans le premier rêve (car tout de même Florence, et ces scrupules, m'en délivraient) du moins dans le regret incessant du rêve et l'inhibition devant lui? Et puisque je pouvais y porter le fer et pourtant ne le faisais pas, n'était-ce pas qu'au fond de moi je trouvais cette ambiguïté acceptable, et qu'elle était même ma vérité? Ce furent mes saisons les plus noires. J'écrivis des poèmes où je me laissais reprocher par des voix qui venaient de la conscience morale d'avoir eu peur, d'avoir laissé le feu, si tant est qu'il eût jamais pris, s'éteindre sur la table où je voulais la présence, lui préférant un mauvais sommeil qui noyait tout d'une eau trouble; et l'épigraphe choisie, la nouvelle épigraphe, dénonciation presque de la première, m'apostrophait, elle aussi, de façon sévère, menaçante, sous le signe d'une illusion qui me semblait s'apparenter à la mienne, la hantise grecque de Hölderlin. En fait ce que j'accusais en moi, ce que je croyais pouvoir y reconnaître, et juger, c'était le plaisir de créer artistiquement, la préférence accordée sur l'expérience vécue à la beauté propre d'une œuvre. Je voyais correctement qu'un tel choix, en vouant les mots à eux-mêmes, en faisant d'eux une langue, créait un univers qui assurait *tout* au poète; sauf qu'en se séparant de l'ouvert des jours, méconnaissant le temps, et autrui, il ne tendait à rien, en fait, qu'à la solitude. Mais de ce jugement je concluais sans plus réfléchir qu'il faut porter le soupçon sur toute poésie qui ne serait pas, quant à ce besoin de clore, ou de forme, expressément négative, ou en tout cas si cruellement avertie de la prééminence du temps que toujours au bord du silence.

Tout me paraissait simple, d'ailleurs, tout se coordonnait, dans ces moments où je n'allais pas jusqu'au bout, me reprochant de ne pas le faire, de la coordination de mes craintes, de mes accusations – et de mes écrits. Que le souvenir me revînt des *Sables rouges*, disons, et je «comprenais» aussitôt la raison de mon intérêt pour ce livre. Bien sûr, pensais-je. Je ne puis accepter que Rome – une existence – périsse. Et je me suis enchanté de l'idée que là où semblait avoir triomphé la mort, là se perpétuait l'existence. Mais, de façon bien révélatrice, cette survie a lieu au désert, parce que loin de vaincre la mort, comme il se doit, dans la profondeur du vécu, par une sorte de foi, je n'ai fait qu'imaginer sa défaite, à distance, dans la

solitude du rêve et la liberté vaine des mots. Et s'éclairait alors la dernière page, qui m'avait tellement ému, quand je l'avais lue, mais sans que je pusse la comprendre. Il me faut dire que le récit ne s'achevait pas où je l'ai laissé, avec l'ultime retrait, et l'ultime résurrection, de la Ville dans la transcendance des sables. Amoureux (à jamais), triste (à périr), le jeune archéologue décidait de rentrer en France, et on le retrouvait dans un train de l'Asie Centrale, se réveillant un matin, à un arrêt, Dieu sait où. Beaucoup de gens sur le quai, qui crient, s'appellent, se bousculent, vendent des choses – il les regardait, distraitement, mais tout d'un coup! Cette jeune fille, à deux pas, qui s'éloigne parmi les groupes, c'est elle, celle qui pourtant s'est enfuie là-bas au désert par les galeries souterraines. Il saute sur le quai, et court, et la rejoint presque, mais elle a tourné à l'angle du bâtiment de la gare; et de l'autre côté, des paysans encore, des bêtes, que de paniers, de bagages, mais de la jeune Romaine, qu'il cherche longtemps, appelant, pleurant, nulle trace. «Une seconde fois perdue!» En fait la troisième, où se répétait la première, mais cette
 fois sans l'espoir. J'avais pleuré moi aussi cette

fin cruelle. J'avais fait en vain bien des hypothèses pour expliquer cette rencontre extraordinaire, et tant d'injustice du destin. J'avais attendu longtemps que parût dans la collection, comme il arrivait parfois, une suite qui réparât ce malheur; tout en sachant bien, hélas, que rien ne viendrait jamais.

Mais plus besoin d'attendre quoi que ce soit maintenant, je comprenais, je savais. Inexplicable, oui, sur le plan où les faits s'enchaînent, injustifiable par la psychologie de surface ou la morale naïve, cette fin, sur un autre plan, celui de l'ontologie, n'était que trop naturelle, elle était même obligée puisqu'elle ouvrait la faille qui donne au livre son sens, et dénonçait la faute inhérente à toute écriture. «Perdue» une nouvelle fois (en vérité la première à la lumière du jour), celle qui n'avait été de toute façon qu'aperçue, n'avait parlé que brièvement, dans sa langue morte, du sein d'un monde à la fois imprévu et su d'avance, et séparé de la vie, de l'espace même, par un hiatus de ténèbre? Mais non, car à aucun moment elle n'a même existé. Pour l'archéologue aussi cette Rome n'avait été qu'un grand rêve. A preuve l'interdiction qui lui avait été signifiée dans une langue profonde, symbole de l'origine, de se porter plus avant. Rien de plus ambigu que cet avertissement, en somme, puisqu'il ne pouvait que faire connaître ce qu'il prétendait occulter, por-

Figure intense, bien définie, signe privé de sens... (p. 106)

tant même tous les événements ultérieurs comme le germe la plante. C'était bien l'espace du rêve où, arrêté, on avance, où déjà on sait ce que pourtant on ignore – et où on feint de

braver une «mystérieuse frontière» parce qu'en fait on veut échapper à l'évidence d'une autre, celle qu'impose à l'esprit le savoir de la finitude. Les deux énigmes du livre ne se succèdent pas mais se superposent. Et en cela même elles se dissipent. Dans l'existence ordinaire, sur le quai du temps qui s'écoule, des occasions qui se perdent, des chances aussi bien, des suspens miraculeux de la faux, le jeune garçon a aperçu quelque jeune fille, et il «aurait pu» l'aimer, mais ç'aurait été choisir, se vouer à l'incarnation, à la mort, et il a préféré «abolir» (toujours la langue de Mallarmé) cette existence, refuser d'en connaître les contradictions, les limites, qui lui eussent parlé des siennes propres, pour la recomposer en essence, dans l'infini, hors du temps. Et ce faisant il a cru la délivrer du néant: n'en fait-il pas une reine? Mais c'est d'un monde sans substance, sans avenir, car il l'a employée seulement, à sa rêverie, à son œuvre, et d'emblée elle a disparu, par la faille de l'écriture, de sa vie à lui en tout cas, qui sera une forme, non un destin. Tout et rien. Encore une fois la dialectique terrible de la création esthétique, qui vide de leur contenu, comme un

 coquillage précieux, bruissant déjà d'on ne sait

quelle autre mer invisible, tous les moments d'une vie. Et j'admirais à nouveau que ce soit le latin que l'auteur des *Sables rouges* ait choisi pour signifier la langue à la fois originelle et seconde par quoi l'invention littéraire se détachera mot par mot de la parole de tous les jours. Comme ce petit livre me convenait! C'était à croire que je l'avais rêvé, lui aussi.

Mais si c'étaient nos lectures qui nous rêvent? S'il fallait, en tout cas, se réveiller de certaines pour mieux comprendre la vie, et d'abord et dans son sein l'écriture, plus dialectique peut-être et plus généreuse que ces livres ne le suggèrent, qu'ils l'aient ou non usurpée? Je comprenais, dis-je, je savais... Et pourtant! J'avais quelque chose d'autre, et tout opposé, à comprendre et bientôt – dès les derniers poèmes du livre dont j'ai parlé, puis un retour en terre italienne que j'évoquerai maintenant – j'en avais commencé l'apprentissage. Une approche obscure, où je me suis perdu plusieurs fois, inachevée aujourd'hui encore, inachevable peut-être: j'entends pour qui n'a pas l'acceptation simple de soi (pouvoirs autant que limites) pour naturelle ressource.

V

Je rentrais de Grèce, par bateau, et devais arriver le lendemain à Venise. La Grèce, aux temples rectangulaires, subordonnés aux grandes masses du site, m'avait parlé à nouveau d'un accord simple, fait de limitation, d'immédiateté aussi, avec le lieu d'existence, mais elle s'éloignait, redevenant une image, et cependant l'Italie, terre d'images, sollicitait de plus en plus ma pensée. Dans cette division

Ses yeux m'avaient étonné, cette fois encore. (p. 130)

d'esprit je passai la nuit à écrire. Un souvenir me hantait, dont il me semblait qu'il n'était pas sans rapport avec cette contradiction et mon désir de la vaincre. A Delphes, dans le petit musée, j'avais revu le Sphinx des Naxiens, et ses yeux m'avaient étonné, cette fois encore. Ils sont grands ouverts, on le sait, dans l'élan d'un regard tout à la joie des commencements de la connaissance. Mais les siècles passant, le gel succédant aux pluies, le marbre s'est érodé, la paupière du haut, qui n'était qu'une sorte de liséré sur le globe, a pratiquement disparu: on peut donc croire aussi que le Sphinx a fermé les yeux et, comme il sourit encore, on peut même rêver qu'il rêve, le regard tourné maintenant vers une image intérieure. Que voit le Sphinx? Est-ce la forme stable ou la métamorphose infinie? Ou plutôt n'est-ce pas qu'il les confond dans une vision nouvelle, dans un regard absolu? Mais qu'on se pose cette question et une autre aussitôt prend forme, me semblait-il. L'usure, me disais-je, ajoute tant à l'œuvre avec si peu de moyens qu'on ne peut concevoir que le sculpteur ne l'ait pas prévue. Il savait que les statues finissent dans la poussière des chèvres, et il a tracé cette ligne mince au-dessus de l'orbite vide pour que le temps l'efface, et que médite un berger. Mais a-t-il pu ainsi employer le temps sans réfléchir sur son être, ses exigences, peut-être son efficace? Et n'est-ce pas celle-ci qu'il a signifiée dans le seul élément de l'œuvre qu'il ait permis au temps de toucher? J'imaginais alors que le Sphinx était l'équation où figuraient dans un rapport défini la connaissance spatiale et la sagesse, la beauté intelligible et une autre, précisément l'*inconnue*. Et pour calculer celle-ci, mes feuillets se couvraient de mots que poussait et pressait, ce n'était pas la première fois, mon besoin maladroit d'une pensée cohérente.

Mais peut-être avais-je trop regardé, l'après-midi et le soir, l'écume se nouer et se dénouer à la poupe, les golfes s'ouvrir et se refermer, les îles se disperser, le ciel faire tourner ses nuages, peut-être était-ce l'effet du bruit du moteur, et de l'eau, qui enveloppait la cabine: en tout cas je ne fis qu'ajouter des ratures à des ratures, et je n'avais rien trouvé, ni rien vraiment rejeté (ce qui eût suffi) quand je montai sur le pont, dans la nuit encore, pour regarder les lumières de Brindisi. Je voulais voir au moins quelques bateaux dans le port, des entrepôts, la masse éclairée du Dôme. Mais j'étais surtout occupé de pensées redevenues pessimistes. Voici le lieu, me disais-je, où Virgile est mort, laissant inachevé son poème. Et moi, ce soir, qu'ai-je fait? J'étais seul avec l'infini de la mer, l'insistance de la machine, qui signifie la durée, le souvenir des dalles de Delphes, l'Italie devant moi, toute ma condition résumée. Et je me suis laissé prendre une fois de plus à un mirage, et le sonder en vain, et me fuir. Du coup la rive que le bateau commençait à suivre, dans la lumière de l'aube, m'apparut vraiment menaçante. J'appréhendais que ce fût le labyrinthe où, leurré par la beauté, cette énigme, attiré comme les oiseaux de Zeuxis dans le néant de l'image, je finirais par me perdre, l'ayant d'ailleurs désiré. Et dans l'après-midi la lente arrivée à Venise parut justifier mes craintes. Car le ciel, bien qu'il y eût du soleil, était noir, la mer, bien qu'opaque, d'un vert d'absinthe très clair, et j'imaginais déjà que les îles basses, les bâtiments, les églises, même celle de Palladio, n'étaient que le négatif, travaillé d'irisations innombrables, de ce qui au positif, inconcevable photographie, n'apparaissait pleinement qu'ailleurs, disons dans quelque autre salle.

Tout de même, ce fut bien dans une ville réelle que je débarquai ce jour-là, et la preuve en fut qu'il y avait partout des affiches, et même des banderoles, pour annoncer une exposition de peinture. Qui plus est, il s'agissait d'une des rares rétrospectives d'art ancien que je n'aurais pas souhaité trouver à un passage à Venise: car c'était «Crivelli e i Crivelleschi», Carlo Crivelli et ses imitateurs ou élèves, et je n'avais pas d'estime pour les travaux de ce peintre que j'avais vus, essentiellement ceux de Londres. Mais ce refus n'avait d'autre cause que la médiocrité de Crivelli. Je ne haïssais pas cette sorte de cerne noir dont il alourdit les figures, trop riche monture fin de siècle pour leur couleur automnale. Et je me dis en examinant l'affiche que si on me décrivait, simplement, ces hautes Madones à la fois hiératiques et enfantines, à l'occasion vaguement perverses; si on ajoutait que vacillent dans cette œuvre en somme décorative les reflets de Mantegna, de Bellini; et qu'elle a été peinte en différentes cités de la côte adriatique, dans la région entre toutes mystérieuse d'Ancône et de Macerata, oui, si on m'annonçait de telles merveilles, et même de façon un peu réservée, à cause du cerne noir, j'aurais tout de suite un élan, il me viendrait un espoir, je me jetterais dans le piège. Après quoi j'allai à l'exposition et continuai, n'ayant pas à changer d'avis (car la médiocrité simple, sans double fond, sans secret, existe), dans ces réflexions un peu ironiques. En somme, pensais-je maintenant, ç'aurait été comme un rendez-vous où l'autre personne n'est pas venue. Et on s'aperçoit peu à peu qu'on ne l'a jamais rencontrée, qu'on ne sait rien d'elle, qu'on peut douter de son existence, – sauf que demeure ce fait qu'il y a eu rendez-vous... Pensées qui ne me menaient pas bien loin quand tout à coup mon attention fut requise par un retable, ou plutôt peut-être sa prédelle.

Je consultai le catalogue et appris qu'ils étaient l'œuvre d'un de ces peintres qu'on y présentait comme les disciples, les *crivelleschi*, un artisan en l'occurrence assez peu connu, aux attributions discutées. Le tableau témoignait pourtant d'un talent que je jugeai supérieur à celui du maître. Il n'y avait plus le triste contour et la couleur, autant que je me souvienne, était plus transparente, plus claire. Mais là n'était pas la question, au moins pouvais-je le croire, car ce qui m'avait retenu, c'était un visage, en son expression singulière. Parmi d'autres saintes et saints, au-dessous et autour de la Madone à l'Enfant, il y en avait un (lequel, je ne sais plus, regardant, dix ans après, la photographie) qui était jeune, un peu angélique, et souriait, – mais était-ce bien un sourire, ce frémissement d'ironie, de ferveur, qui me semblait qui errait sur sa figure? En fait l'image était bien petite, elle avait souffert, elle était donc peu lisible, et il n'eût été que prudent de ne pas la solliciter davantage. Mais j'étais en Italie, mon démon réveillé me souffla de déchiffrer l'imprécision à l'envers, faisant de ses lacunes une plénitude, et une idée me vint à l'esprit. Ce visage, me dis-je, exprime par son sourire (mais ce n'est pas un sourire) *un sentiment inconnu*. Non pas un sentiment que les défauts de l'image nous empêcheraient de reconnaître (elle n'a pas de défauts), mais un mode d'être aussi important que la foi, l'espérance, et qui pourtant nous échappe, ne peut que nous échapper, en vérité nous transcende, parce que les catégories de notre conscience, ou celles des sociétés des autres époques dans le passé que nous connaissons, n'ont pas le moindre rapport, la moindre frontière obscure avec ce qu'il a été... L'imagination, on le voit, ne m'était pas bien nouvelle (encore qu'autrefois, je n'aurais pas osé identifier ainsi, d'un seul coup, un signe de l'outre-terre) et j'aurais dû éprouver, la formant, la subissant une fois de plus, quelque lassitude. Mais non, et même une allégresse, une sorte de légèreté dans l'espoir, jamais éprouvée jusqu'alors, se fit jour en moi, dont je sentais qu'elle était profonde et allait être durable.

Mais il faut que je donne cette précision, maintenant, que la pensée du «sentiment inconnu» ne m'était pas venue, cette fois, comme des chimères semblables auparavant l'avaient fait, c'est-à-dire directement, de plain-pied dans mon horizon d'existence: un rêve, je n'aurais pu en douter, mais aussi le désir de le prendre au sérieux, et le vivre, dans ma condition la plus personnelle. Non, le contexte, si je puis dire, ce n'était plus ma vie dans sa minute présente, mais une structure aussi imaginaire d'emblée que l'idée première en même temps que laquelle elle avait paru, bien que légèrement en retrait et encore évidemment incomplète: pour tout dire une ébauche, et même un projet, de récit. Un sentiment inconnu, quand peignait ce Lorenzo d'Alessandro, une variante de l'esprit, impénétrable à jamais, et qui pourtant eût affecté un moment au moins l'obscure région de San Severino, dans les Marches (à deux pas, quelle coïncidence, de Camerino)? Oui, mais aussi un historien de la peinture du Quattrocento qui, un jour... Non, ce ne serait pas exactement ce tableau. Je décrirais, c'est bien mon droit de conteur, une œuvre plus difficile à attribuer, sinon même à localiser: originaire peut-être de l'Ombrie autant que des Marches, voire de la Toscane du Sud, et cela du fait de la résonance, dans son traitement de l'espace, des premiers grands travaux de la perspective. Le retable était oublié depuis bien longtemps. Il s'empoussiérait dans un grenier, une sacristie. Puis, retrouvé, mis en vente, il avait disparu à nouveau, dans une collection d'Amérique, non sans pourtant qu'une photographie en ait été publiée, dans le *Burlington Magazine*. Et l'historien...

Eh bien, ce fut alors comme si trois lampes (ou quatre), disposées en série dans une galerie souterraine, s'allumaient brusquement, s'allumaient l'une de l'autre, et je me retrouvai sur un des bancs de l'exposition, puis dans la

Une merveilleuse tiédeur d'après-midi finissante... (p. 142) ▶

cour du palais ducal, prenant des notes sur le genou. Première idée, contemporaine tout à fait du premier regard: l'historien a vu la photographie du *Burlington*, et il se persuade aussitôt qu'il s'agit, comment en douter, d'un sentiment inconnu. Et pour faire part de sa découverte et solliciter de l'aide, d'autres photographies par exemple, des documents d'archives, des suggestions pour une attribution plus précise, il publie un article dans la revue, ruinant d'ailleurs son autorité. Car il ne suscite, bien sûr, que la raillerie, puis l'indifférence.

Sauf qu'un matin – et c'est la deuxième lampe, la galerie est déjà plus large et la lumière plus diurne – il trouve dans son courrier *la réponse*. Un linguiste lui a écrit. Monsieur, dit-il, j'ai lu par hasard votre article, et il me trouble mais aussi bien me rassure. Car j'étudie depuis de longues années les parlers de l'Italie préromaine. Et peu à peu, par des recoupements, des comparaisons avec le plus vieux latin, le grec, le peu que nous savons de l'étrusque, de l'osque, du pélignien ou du marse; par l'analyse de mythes où il y a parfois comme une faille, un ressaut, – oh, certes, presque invisible,

 c'est comme si les deux bords de l'absence

avaient été recousus; par la lecture sérieuse des Tables eugubines et de fragments de poèmes, même tardifs; par le repérage de certains mots, que je vous dirai, rigoureusement intraduisibles, totalement insituables dans nos structurations sémantiques, je suis arrivé à la conclusion, moi aussi, qu'a existé, dans un dialecte ombrien, celui précisément que l'on a parlé dans la région que vous dites, bien avant certes l'époque où travaillait votre peintre, un sentiment inconnu. Il faut nous rencontrer, c'est urgent. Ensemble... L'historien ne s'attarde pas à la conclusion, il est enthousiaste et se met en route, aussitôt. Le linguiste le reçoit loin de Paris dans sa belle maison paisible, et commence à lui exposer ses hypothèses, ses présomptions et reconstructions, il dirait presque ses preuves.

Et je suis maintenant, bien que toujours à griffonner, mais plus lentement, sur la couverture et les marges de mon carnet trop petit, dans la lumière de la troisième lampe, dont la clarté est aussi intense que douce, vraiment la dissipation de voûtes dans la surabondance du jour. Le linguiste est assis derrière sa grande table. Il y a quatre fenêtres dans sa biblio-

thèque, que les épis que font les rayons de livres divisent plutôt en trois, et il en vient une merveilleuse tiédeur d'après-midi finissante, non, suspendue à jamais, dans un jardin empli d'oiseaux colorés, de feuillages. Le linguiste parle, parle, et l'historien écoute ses hypothèses, partage ses présomptions et comprend presque ses preuves. Il voit son intuition partagée, et c'est déjà une paix. Est-il vrai qu'il ait existé un sentiment inconnu? Maintenant que des mots sont là pour l'investir sinon le comprendre, le doute qu'il éprouvait (il se l'avoue) va-t-il prendre fin? Mais pourquoi faut-il qu'à cet instant même l'historien, si c'est bien ce qu'il est, laisse son attention, au contraire, se nuancer d'ironie, et revenir de l'inconnaissable *là-bas* spirituel à ces réseaux de pensées – de mots – qui, en révélant celui-ci, l'écartent, lui semble-t-il: en le désignant le remplaçent? Etrange adhésion qu'il lui faut donner, à la fois intime et distante, confiante autant qu'incrédule! C'est comme s'il regardait un tableau préparé selon les lois de la perspective, mais sans être devant ou à sa hauteur, là où les effets se noueraient dans la profondeur entrouverte. Et
 il ne peut donc se vouer à l'illusion, mais il

entend la musique de ces échelles de nombres, et cela l'apaise, lui suffit. Car, quel étonnement! son exaltation, répandue du vase brisé, remonte (il le sent bien, le respire) de ce que ce matin même il n'aurait pas soupçonné, la profondeur de l'instant qui vient, la qualité des choix qu'il faudra y faire, la merveille d'y exister. Comment exprimerai-je cela, qu'en fait je comprends bien mal? Eh bien, les grandes routes, amplement dessinées à flanc de montagne, semblent, de loin, nous parler, nous garantir l'évidence, d'un signe qu'elles tracent sous les nuages, un signe fixe, mystérieux dans la mobilité du ciel et des choses. Mais qu'on s'approche, et sous les roues de la voiture elles s'aplanissent, se font ligne droite, se démêlent du signe anéanti, de l'énigme – une forme pourtant continuant d'exister, mais derrière nous, au-dessus, autour, lointains où ne s'accumule plus que l'être de notre passage, crête d'où déjà ne ruisselle plus que l'éternité de l'instant. Et c'est alors une grande joie.

L'historien sait bien maintenant qu'il est perdu à jamais dans l'esprit des lecteurs du *Burlington Magazine*. Mais au lieu de ressentir un regret, de la détresse, ou le facile mépris de soi, il se lève d'un bond, le visage riant, la main tendue. Merci, dit-il, je vais réfléchir à tout cela. Merci, dit le linguiste, je vous attendrai avec impatience. Merci, dit l'historien (mais fut-il jamais historien?), d'avoir regardé cette image. Ah, oui, dit le linguiste. Je l'avais oubliée. Un sentiment inconnu? Vous avez peut-être raison. Mais ce qui me frappe le plus, depuis que je l'interroge, c'est qu'elle est, en somme, quelconque. Pourquoi l'avez-vous choisie, plutôt que celles autour, dans le retable? Plutôt que la Vierge même? Parce qu'elle vous ressemble un peu (oui, en plus jeune, bien sûr)? En fait j'ai pensé souvent, depuis que j'ai lu votre article, que tout visage en peinture pourrait passer pour marquer un sentiment inconnu. La sainte Anne, de Léonard, par exemple, – que signifie son sourire? Oh, croyez-moi, ce n'est pas si simple. Nous sommes entourés, redoublés... Merci, dit l'historien. Il est sur le seuil maintenant, à regarder la lumière. Il est tout à sa joie nouvelle à chaque instant plus intense. Se demande-t-il ce qu'elle est au juste, ce qu'elle veut? Mais non, c'est au-delà des mots qu'elle fait fleurir. C'est comme s'il éprouvait, oserai-je l'écrire, un sentiment destiné à lui rester inconnu.

Mais non, c'est au-delà des mots qu'elle fait fleurir. (p. 144)

Je ne sais si j'aurais osé, car quelques heures plus tard j'avais déjà renoncé à rédiger le récit. Toute l'après-midi pourtant et le soir encore, dans le train qui me menait à Mantoue, je m'ingéniai à remplir les blancs de l'ébauchement du matin, puisque c'était à un texte que je voulais aboutir, et les détails venaient, à croire que j'avais vraiment à continuer l'expérience. Le titre était évident. De ce qu'il me fallait pour l'évocation des œuvres, tout affluait, surabondait même, et je sentais que je pourrais exprimer dans l'écriture oblique de la fiction ce que jamais encore je n'avais rêvé pouvoir dire de ma connaissance bizarre et pourtant intime de la peinture du Quattrocento. Le discours du linguiste (et cette fois du fait de mon ignorance, car je croyais qu'on en savait plus des vieux parlers italiques) ne m'effrayait pas davantage. J'aurais simplement à étudier, je m'étonnais de ne pas l'avoir fait plus tôt, je pensais avec agrément à interroger de vastes livres techniques sur l'origine des questions de lieu ou de tel ou tel verbe irrégulier, et Ernout et Meillet me livreraient bien quelques origines étrusques. Mais tout se compliqua là où j'aurais pu espérer que serait le plus facile: quand j'en vins à bâtir la figure de l'historien. Quel âge avait-il, où vivait-il? Questions apparemment secondaires, réponses qui auraient dû être brèves, n'ayant à assurer que le faux-semblant d'une scène dont les protagonistes réels étaient, me semblait-il, le mot et l'image. Or, loin d'en disposer à grands traits, je me retrouvais tâtonnant dans les détails incongrus, les spéculations oiseuses. L'historien n'avait-il pas pris, enfant, des trains de nuit vers le sud? Avait-il, n'avait-il pas une fille? Et n'irait-il pas à Vierzon (ce n'était là qu'un des thèmes, mais insistants) faire une causerie, un soir d'hiver, et de neige, sur le sentiment inconnu? J'entendais alors une voix montant de ce froid, de cette neige. L'historien a terminé son discours, un étudiant s'approche de lui. *My name is nobody*, lui dit-il, et il faudra qu'ils parlent longtemps, s'éloignant, se perdant dans une foule. Etc. J'en avais des pages, des pages. Et si cette matière était complexe et même, de plus en plus, contradictoire, son origine, rapidement, m'en devenait évidente. L'historien, c'était moi, et tout mon passé et tout mon possible, tout l'aperçu et tout l'inconnu se prenaient violemment dans cette nasse. Le récit serait tout un livre. Au thème majeur laissé à l'intransitivité, au mutisme, il allait falloir que je noue mille circuits d'analyse, de mémoire, à parcourir patiemment dans mes profondeurs. N'avais-je pas, par exemple, à justifier l'instant d'intuition, devant la photographie, par le souvenir des mois d'imaginations errantes en Italie; par l'évocation, qui sait même, du *Voyageur?* Sollicité, j'avais à répondre. Requis au simple, à y apporter l'offrande infinie d'une existence. Et l'exaltation des premières heures se muait, dans ce nouveau train de nuit, en perplexité, en inquiétude.

Mais soudain, sur une impulsion, je déchirai le second carnet et ce fut alors, cependant que le train ralentissait, s'arrêtait, sinon la joie du début du moins une intelligence plus claire, je pourrais dire à nouveau plus diurne, de mon rapport toujours difficile au principe de poésie. Ou, pour employer une image, qui me vint plus tard à l'esprit, ce fut comme si mes yeux se fermaient – à ce texte continu, signifiant, paralysant, que j'imaginais d'écrire – mais s'ouvraient, dans le même instant, à une lumière au-delà, encore vide, mais où je pressentais les linéaments d'arbres, d'oiseaux, d'horizons réels, tout un monde. Non, me dis-je, je ne vais pas écrire *Un sentiment inconnu*. Et si demain j'y pense à nouveau, demain aussi j'y renoncerai. Car ce serait trahir l'indication même qui m'est donnée, et je sais que j'en suis, malgré mon démon, incapable. La terre *est*, le mot *présence* a un sens. Et le rêve est, lui aussi, mais non pour les dévaster, les détruire, comme je le crois dans mes heures de doute ou mon orgueil: pourvu toutefois que lui-même je le dissipe, l'ayant non écrit mais vécu: car alors, se sachant le rêve, il se simplifie, et la terre advient, peu à peu. C'est dans mon devenir, que je puis garder ouvert, et non dans le texte clos, que doit s'inscrire et fleurir, si elle a sens pour moi, comme je le crois, et fructifier, cette vision, cette pensée proche. Ce sera lui le creuset où l'arrière-pays, s'étant dissipé, se reforme, où l'ici vacant cristallise. Et où quelques mots pour finir brilleront peut-être, qui, bien que simples et transparents comme le rien du langage, seront pourtant tout, et réels.

J'avais, en bref, décidé de la troisième épigraphe, celle que je plaçais trois années plus tard au seuil d'un nouveau poème, sur ce qui meurt, ce qui naît, et le passage de l'un à l'autre.

– Mais rien qu'une remarque, maintenant, pour clore ce chapitre dont l'objet, ou la métaphore première, fut la peinture italienne. Quel qu'ait été l'avenir, en moi, de cette journée (un avenir dont j'ai grand besoin d'interroger les difficultés, les rechutes), elle marqua au moins une fin, en ce sens que la hantise que j'avais craint, entre la Grèce et Venise, de voir reprendre, disparut presque de ma pensée. Le lendemain, à Mantoue, où avait commencé l'exposition Mantegna, j'entendis *en clair* cette parole sérieuse, quelques autres, Piero, Bellini, Giorgione, lui répondant au loin, étendant de leurs visions conjuguées le lieu d'échange par quoi, nés du silence du sang, nous accédons au réel. Et c'est aussi qu'en cette «sainte dispute» qui s'approfondissait et s'élargissait, allait s'amplifiant une voix que j'avais jusqu'alors sinon vraiment occultée du moins trop mal entendue, bien qu'elle fût plus avertie que toute autre de la question qui m'obsède. *Avant*, quand je regardais de grandes églises baroques, oui, j'en comprenais l'intention, mais je m'y prêtais d'une façon ambiguë. Le baroque aime, transsubstantie, ce qui est limité, ce qui passe: que voulais-je d'autre, et je m'ouvrais donc à

Ce sera lui le creuset où l'arrière-pays, s'étant dissipé, se reforme. (p. 149)

ce regard, le plus direct et compassionné qu'un art ait jamais eu pour qui s'approche de lui. Mais au comble de son vouloir de transmutation du néant, il y a l'assomption du lieu, non certes pour sa vertu déjà actuelle de centre, mais comme terre quelconque, terre d'ici, et, à l'époque du «voyageur», cela heurtait de plein fouet ma postulation d'un lieu autre. Comment peut-on tout à fait consentir à l'absolu dans le sol romain quand on rêve de cet amont où l'être pur s'accumule? Pourquoi ce cri de triomphe, puisqu'ici, où l'on a crié, l'or ne brille pas dans le vaisseau, tout irisé que soit celui-ci par l'horizon de Poussin, de Claude? Je réservais donc mon acquis de colonnes torses, de frontons brisés, de lourdes statues sur le ciel pour le rêve second, et sans frein, d'une métropole *là-bas* (dans le désert, ou de hautes montagnes, ou sur les bords orageux de quelque mer intérieure), et comme je cherchais plus concrètement, dans la petite Italie, un arrière-pays minime, réduit à un repli de terrain, une nuance dans la lumière, une peinture écaillée au resserrement d'une voûte, je ne m'attardais pas à Sainte-Agnès ou Saint-Pierre, ni même à Rome, quitte à ne pas oublier la découpe sur les nuages de Saint-Yves-de la Sapience.

Le jour vint, cependant, comme je l'ai dit, où, la hantise se dissipant, l'art italien m'apparut dans sa vérité, qui contenait, un de ses

une métropole *là-bas*... (p. 152)

moments, ma «folie», mais affrontée, dépassée parfois. Et le baroque bientôt, le baroque romain, se leva avec dans ses mains le mystère, cette fois en pleine lumière, du lieu d'existence assumé. En vérité, c'est Rome qui prépara, autant que l'espace grec, cette matinée à Venise. L'un proposait de subordonner le lieu humain et la demeure même des dieux à la courbe, seul absolu, de la terre. Et quant à l'architecture berninienne, elle acheva soudain de me dire que *l'être du lieu*, notre tout, se forge à partir du rien, grâce à un acte de foi, qui est comme un rêve que l'on a tant vécu, et si simplement, qu'il en est comme incarné... Je m'arrêtai alors au XVIIe siècle romain comme au théâtre même de la Présence. Borromini le gnostique, et mon proche à bien des moments (quand j'interrogeais l'autre route, au carrefour), reclôt le rêve sur soi et se perd, dans le labyrinthe. Bernin au contraire l'ouvre, il fait naître la vie de ce désir accepté. Et Poussin, qui porte en soi toutes les postulations, tous les conflits, pour les réconciliations, retrouvailles, miracles même, d'un dernier acte de l'Univers, de l'esprit, Poussin cherche longtemps la clef

 d'une «musique savante», d'un retour par les

nombres à un amont du réel, mais il est aussi celui qui ramasse une poignée de terre et dit que c'est cela Rome. Il marche le long du Tibre, au printemps, quand les eaux affluent, noires en profondeur, étincelantes; et comme il y a là des laveuses, dont l'une a baigné son enfant et l'élève haut dans ses bras, ses yeux étincelants eux aussi, – Poussin regarde, comprend, et décide de peindre, maître du rameau d'or s'il en fut, ses grands *Moïse sauvé.*

Bonnieux, été 1971.

HIC·QUEM
CRETICUS
INTUS
VS·GRA

NOTES

La malinconica distesa delle colline cretacee: l'étendue mélancolique des collines argileuses.

Ma l'erba è sempre la stessa: mais l'herbe est toujours la même.

... Placidi sum Nympha Numici.

Amne perenne latens, Anna Perenna vocor: cachée dans un fleuve éternel, je m'appelle Anna Perenna.

Nymphe je suis du paisible Numicius.

— Et moi j'ai donc oublié que ce n'était pas le Tibre. Pourquoi ? Il faudra que je tâche de le comprendre.

TABLE DES ILLUSTRATIONS

«Personne n'y marcherait comme sur terre étrangère...»
Giovanni Martino Spanzotti (avant 1456-1526/28) – Adam et Eve chassés du Paradis – fresque – 1510-1520 – (hauteur, env. 150 cm). Ivrea, église San Bernardino (reproduction autorisée par le propriétaire, Ing. C. Olivetti e C., S.P.A., Ivrea) 6-7

Le bleu, dans la Bacchanale à la joueuse de luth...
Nicolas Poussin (1594-1665) – Bacchanale à la joueuse de luth, détail – huile – 1631-1633. Paris, Musée du Louvre (Photo Réunion des Musées nationaux, Paris) 11

Grâce à la foudre un jour immobilisée dans le ciel...
Nicolas Poussin (1594-1665) – Paysage avec Agar et l'ange – huile – non daté – (98 × 74). Rome, collection particulière (Photo Oscar Savio, Rome) 13

Ce peintre, parmi ses autres soucis, a eu celui-ci, qui me hante.
Piero della Francesca (1410/20-1492) – Diptyque de Frédéric de Montefeltre et de Battista Sforza, détail du revers du volet gauche – huile – après 1472. Florence, Musée des Offices (Photo du musée) 19

Que ces façades sont belles!
Monastère de Nonza, Corse (Reproduction autorisée par Léonor Fini, Paris) 22

Leurs villages, aux lourdes façades closes, parfois ruinées...
Village fortifié de Svanetia, Caucase (Photo Vittorio Sella, tirée de *Architecture without Architects*, de Bernard Rudowsky, Museum of Modern Art, New York 1965) 26-27

Des exilés, témoignant contre le lieu de l'exil?
Indiens Tarascos parés pour la procession, Mexique (Photo Helen Fischer, extraite de *Geschichte der Menschheit, Masken*, Atlantis Verlag, Zurich 1970) . 28

Elle est pâle. A nouveau elle a cherché son regard.
Portrait d'Irène, fille de Silanos – peinture à l'encaustique – milieu du Ier siècle de notre ère – (37,1 × 21,6). Stuttgart, Württembergische Landesmuseunm (Photo du musée) 37

Il n'avait pas rêvé.
Piero della Francesca (1410/20-1492) – La Flagellation, détail – huile – 1459 (?). Urbino, Galleria nazionale delle Marche (Photo Alinari, Florence) 39

Ils disent que les lieux, comme les dieux, sont nos rêves...
Divinité bouddhique, Horyu-ji, près de Nara (Japon) 44

Là où l'on a foré des puits ou cimenté des citernes...
Etendue désertique (Photo Laurent Gaspar) . . . 48-49

Les voûtements du pisé après des lieues et des lieues de pierrailles et de sel...
Caravansérail de pisé au nord de Qum, Iran (Photo Myron B. Smith, Islamic Archives, Washington D.C.) 50

Un chemin qui serait la terre même...
Edgar Degas (1834-1917) – Paysage – pastel sur monotype – 1890-1893 – (30,2 × 40). Boston, Mass., Museum of Fine Arts, Ross Collection (Photo du musée) 58-59

Nicolas Poussin (1594-1665) – Mercure, Pâris et Cupidon, détail – plume et lavis de bistre – vers 1660. Paris, Musée du Louvre. Cabinet des Dessins (Photo Giraudon, Paris) 61

L'emploi outré, abstrait, de la perspective...
Paolo Uccello (?1397-1475) – La bataille de San Romano, détail – huile – après 1450. Florence, Musée des Offices (Photo du musée) 63

Ses ombres portées trop longues...
Giorgio de Chirico (1888-1978) – Le départ du poète – huile – 1914 – (86 × 41). Brentwood, Californie, collection Mrs. L. M. Maitland (Photo extraite de *G. de Chirico* par J. Th. Soby, Museum of Modern Art, New York 1955) 66

Graves, sereines, presque debout dans leur présence sans faille...
Domenico Veneziano (vers 1400-1461) – Vierge à l'Enfant sur le trône – fresque reportée sur toile – (241 × 120,5). Londres, National Gallery (Photo du musée) 69

Averties, oui, mais non sans une sorte d'entrave.
Attribué parfois à Masolino da Panicale (1384-après 1435) – Vierge à l'Enfant – tempera sur bois – vers 1430 – (102 × 58). Pise, Musée de San Matteo (Photo tirée de *Bollettino d'Arte*, 1952) 70

A quelques dizaines de kilomètres d'ici, moins peut-être...
Portonuovo, près d'Ancône, église Santa Maria (Photo Carus, extraite de *L'Architecture en Europe, Le Roman*, Hachette et Umschau-Verlag, Francfort-sur-le-Main 1964) 76

Mais non, le soleil y venait de toutes parts...
Piero della Francesca (1410/20-1492) – Le Baptême du Christ, détail – tempera – vers 1442. Londres, National Gallery (Photo du musée) 81

... ses livraisons anciennes, où les photographies sont plus nettes, plus grises.
Giovanni Bellini (vers 1430-1516) – Vierge à l'Enfant – huile – (43 × 28). Collection A. Bettoni (Photo Burlington Magazine, Londres) 88

Comme récemment à Volterra la Déposition de Rosso...
Rosso Fiorentino (1494-1540) – Déposition, détail – huile – 1521. Pinacothèque de Volterra (Photo Claudio Emmer, Milan) 93

Qui est plus que lui sur le seuil?
Arcangelo di Cola da Camerino (actif, 1416-1429) – Crucifixion, détail d'un diptyque – huile. Pittsburgh, collection Helen C. Frick 97

L'éducatrice blessée...
Michel-Ange (1475-1654) – La Nuit, détail – marbre – 1520-1525. Florence, Chapelle Médicis 99

A des moments tendue, impatiente, noire, à d'autres réconciliée...
Sandro Botticelli (1444-1510) – La Crucifixion – huile – après 1500 – (73 × 51). Cambrige, Mass., Fogg Art Museum (Photo Henry B. Beville, Alexandria, Va.) 105

Certes, ses plus irrationnels, ses plus inspirés...
Nicolas Poussin (1594-1665) – Moïse sauvé des eaux – huile – 1651 – (116 × 177). Collection Mrs. D. Schreiber (Photo Editions Harry N. Abrams, New York) 110-111

Ils dissipaient ce charbon à demi écrasé dans l'herbe.
Nicolas Poussin (1594-1665) – Moïse sauvé des eaux – huile – 1638 – (93 × 120). Paris, Musée du Louvre (Photo Giraudon, Paris) 112-113

Anne (Marie) penchée tournoyante a ce sourire.
Léonard de Vinci (1452-1519) – Sainte Anne, la Vierge et l'Enfant, détail – huile – vers 1506. Paris, Musée du Louvre (Photo Giraudon, Paris) . . . 116-117

Figure intense, bien définie, signe, privé de sens...
Théodore Rousseau (1812-1867) – Plateau de Bellecroix, Forêt de Fontainebleau – huile – 1837-1848 – (29 × 58,6). Paris, Musée du Louvre (Photo Réunion des Musées nationaux) 124-125

Ses yeux m'avaient étonné, cette fois encore.
Le Sphinx des Naxiens, détail – marbre – VIe siècle avant J.-C. Musée de Delphes (Photo extraite de *Delphes*, collection Arts du Monde, Editions du Chêne/Hachette, Paris 1957) 128

Une merveilleuse tiédeur d'après-midi finissante...
Miklos Bokor (1927) – Composition – gouache sur papier – 1962 – (25,5 × 30). Paris, collection privée (Photo Maurice Babey, Bâle) 138-139

Mais non, c'est au-delà des mots qu'elle fait fleurir.
Titien (vers 1480-1576) – Adam et Eve, détail – huile – vers 1570. Madrid, Musée du Prado (Photo MAS, Barcelone) 145

Ce sera lui le creuset où l'arrière-pays, s'étant dissipé, se reforme.
Piet Mondrian (1872-1944) – Le nuage rouge – huile – 1907-1909 – (64 × 75). La Haye, Gemeentemuseum (Photo du musée) 151

... une métropole là-bas...
Edgar Degas (1834-1917) – Petit paysage d'Italie vu par une lucarne – huile – vers 1856-1857 – (37 × 32). Paris, collection particulière (Photo Maurice Babey, Bâle) 153

Le labyrinthe – sculpture médiévale. Lucques, cathédrale San Martino (Photo Cesare Capello, Milan) 156

CE VOLUME DE LA COLLECTION
«LES SENTIERS DE LA CRÉATION»
EST SORTI DES PRESSES DES
IRL IMPRIMERIES RÉUNIES LAUSANNE S.A.

IMPRIMÉ EN SUISSE

NB (310 8349576 / 3)

A Bahia l'identité pro africaine se construit à l'épreuve d'une unité dans la différence où la refonte des JE dans les rêves d'une filiation humaine aboutit à sa question

0162684543

06121 784969